Mosaik
bei GOLDMANN

Buch

Kinder versuchen täglich und überall, ihren Freiraum zu erweitern und von der Familie festgelegte Grenzen zu überschreiten. Wie sollen Eltern sich verhalten? Dieser liebevolle und patente Ratgeber der erfahrenen Mütter und Pädagogikautorinnen Cornelia Nitsch und Cornelia von Schelling hilft Eltern bei der Lösung typischer Konflikte und zeigt, wie viel Konsequenz nötig ist, um ihre Kinder zu liebevollen, selbstständigen und verantwortungsbewussten Menschen zu erziehen. Ein Buch, das Eltern Gelassenheit und Sicherheit gibt.

Autorinnen

Cornelia Nitsch und Cornelia von Schelling sind Journalistinnen und bekannte Buchautorinnen zahlreicher Elternratgeber. Als praxiserprobte Mütter haben sie vielfältige praktische Erfahrungen im Umgang mit großen und kleinen Familienkonflikten.

Von den Autorinnen außerdem bei Mosaik bei Goldmann

Cornelia Nitsch:
Dr. Mama! (16551)
Jungen sind einfach anders (16425)
Lirum, larum, Fingerspiel (16679)
Beide Hände reich ich dir. Zus. mit Brigitte Beil (16886)

Cornelia Nitsch/Cornelia von Schelling:
Pubertät? Kein Grund zur Panik! Zus. mit Brigitte Beil (16559)

Cornelia Nitsch,
Cornelia von Schelling

Kindern Grenzen setzen – wann und wie?

Mit Liebe konsequent sein

Mosaik
bei GOLDMANN

Die Ratschläge in diesem Buch sind von den Autorinnen und vom Verlag sorgfältig erwogen und geprüft, dennoch kann eine Garantie nicht übernommen werden. Eine Haftung der Autorinnen bzw. des Verlags und seiner Beauftragten für Personen-, Sach- und Vermögensschäden ist ausgeschlossen.

FSC
Mix
Produktgruppe aus vorbildlich bewirtschafteten Wäldern und anderen kontrollierten Herkünften

Zert.-Nr. SGS-COC-1940
www.fsc.org
© 1996 Forest Stewardship Council

Verlagsgruppe Random House FSC-DEU-0100
Das für dieses Buch verwendete FSC-zertifizierte Papier Munken Print liefert Arctic Paper Munkedals AB, Schweden.

4. Auflage
Vollständige Taschenbuchausgabe Januar 2004
Wilhelm Goldmann Verlag, München,
in der Verlagsgruppe Random House GmbH

Umschlaggestaltung: Design Team München
unter Verwendung eines Fotos von Premium/Stockbroker
Satz: Buch-Werkstatt GmbH, Bad Aibling
Druck und Bindung: GGP Media GmbH, Pößneck
Kö/ue · Herstellung: Ina Hochbach
Printed in Germany
ISBN 978-3-442-16585-8

www.goldmann-verlag.de

Inhalt

Abgrenzung – ein wichtiger Lernprozess

Die Kindheit soll so schön und harmonisch sein, dass der Sohn oder die Tochter später von diesen Erfahrungen zehren kann – in dem Ziel sind sich Mütter und Väter einig. Sie geben ihrem Kind Liebe, Zärtlichkeit, Unterstützung und Anregungen; sie zeigen Verständnis und Geduld. Das alles ist wichtig, damit sich ein Kind entwickeln kann. Doch kommt es bei all dieser Zuwendung auf das richtige Maß an. Hier die Balance zu finden zwischen einem Zuviel und Zuwenig fällt vielen Müttern und Vätern schwer.

Nähe und Distanz – ein ewiges Wechselspiel

In den ersten Monaten nach der Geburt sind Mutter und Kind noch eine Einheit. Das Baby ist ganz und gar auf seine Mutter angewiesen und darf von ihr bedingungslos verwöhnt werden. Ihre Nähe und Fürsorge schaffen Sicherheit und Vertrauen und sind die Basis für ein intaktes Selbstwertgefühl. So wichtig diese Symbiose zwischen Mutter und Baby ist, so notwendig ist es, die enge Verbindung nach und nach zu lockern. Nach einem halben Jahr etwa beginnen erste Ablösungsversuche, begleitet von wichtigen Lernschritten des Babys und seiner Eltern. Immer mehr entdeckt das Kind jetzt seinen eigenen Kopf und seine Kräfte. Es ahnt langsam, dass es eine Menge erreichen kann, wenn es nur will, und beginnt, entsprechend zu experimentieren: Was geschieht, wenn ich jeden Abend herzerweichend brülle, statt zu schlafen? Oder wenn ich mit dem Brei gurgle, statt ihn zu essen?

Das Baby lernt erste wichtige Lektionen: Wie reagieren andere auf mein Verhalten? Hat jeder Mucks, den ich tue, zur Folge, dass meine Eltern vor mir strammstehen, mich stundenlang in meinem Bettchen schaukeln, damit ich Ruhe gebe? Oder hat mein Breigurgeln zur Folge, dass sie mir geduldigst immer neuen Brei anbieten?

Wie reagieren die Eltern auf diese Testversuche? Zeigen sie ihrem Kind nachdrücklich Grenzen auf? Sagen sie abends, wenn sie es zu Bett legen: »Jetzt ist Schluss, jetzt wird nicht mehr gespielt, und ich schaukle dein Bettchen auch nicht länger! Ich bleibe noch einen Moment still bei dir sitzen, und mehr geschieht nicht! Und wenn du weinst, weil ich nach einer Weile gehe, dann ist das eben so und lässt sich nicht ändern!« (In der Regel gibt sich der Kummer in dieser Situation schnell wieder.) Oder gehen sie geduldig auf die Wünsche ihres Babys ein und wiegen es Abend für Abend stundenlang in den Schlaf? Geben sie dem Baby beim Füttern zu verstehen: »Wenn du den Brei nicht essen magst – auch gut. Dann räume ich ab!« Oder warten sie ab, bis der Breigurgler keinen Spaß mehr am Gurgeln hat und seinen Brei schluckt?

Frühzeitig das Loslassen lernen

Erziehung heißt mehr, als Liebe, Zärtlichkeit, Unterstützung, Verständnis, Anregungen, Geduld aufzubringen. Erziehung heißt auch, Grenzen festzusetzen, nicht in Besitz zu nehmen, sondern das Kind als eigenständiges Wesen zu achten.

Selbst ein neugeborenes Kind ist bei weitem nicht so hilflos, so zerbrechlich, wie es auf den ersten Blick erscheinen mag. Es muss nicht erst von Vater und Mutter geformt werden, sondern ist von Beginn seines Lebens an eine Persönlichkeit – einmalig und unverwechselbar. Seine Eltern begleiten seine Entwicklung und unterstützen sie, damit sich die Fähigkeiten des kleinen Wesens entfalten können und es zu einem fröhlichen Menschen heranwachsen kann.

Wer sein Kind annimmt und liebt, seine Persönlichkeit sieht und respektiert, akzeptiert auch, dass die Nähe zum Kind Grenzen hat.

Kinder testen nicht nur, wo andere Grenzen ziehen, sondern lernen schnell, sich auch selbst von ihren Mitmenschen abzugrenzen: Der Einjährige schiebt die Flasche zur Seite, wenn er nicht mehr trinken mag, und schüttelt energisch den Kopf. Die Vierjährige sagt klar und deutlich nein, wenn sie aufgefordert wird, das Kinderzimmer aufzuräumen. Der Zwölfjährige dreht den Kopf zur Seite, wenn ihm seine Mutter einen Kuss geben möchte.

Je älter sie werden, desto häufiger pochen Kinder auf ihre Selbstständigkeit und gehen auf Distanz zu ihren Eltern: »Das kann ich allein!« Oder: »Ich weiß selbst, was ich zu tun und zu lassen habe!«

Nicht nur die Kinder gehen mit der Zeit mehr und mehr auf Abstand zu ihren Eltern. Mit dem Größerwerden ihrer Söhne und Töchter müssen auch die Eltern lernen, sich von ihren Kindern abzugrenzen. Wenn zum Beispiel die Tochter nach ihrem Füllfederhalter greift, lernt die Mutter nachdrücklich zu sagen: »Bring ihn bitte zurück, er gehört mir!«

Besonders schwer fällt es den meisten Eltern, sich auch innerlich ein Stück mehr von den Kindern zu lösen und Verantwortung abzugeben: »Du bist alt genug. Du musst selbst wissen, was du willst.« Dieser Prozess zieht sich jahrelang hin.

Auch die eigene Person im Blick haben

Kinder wollen keine Eltern, die zu sehr an ihnen hängen oder zu viel Opferbereitschaft zeigen, die »den Kindern zuliebe« auf alles verzichten und scheinbar gelassen jeden Frust wegstecken nach dem Motto: »Die Kinder haben natürlich Vorrang.« Sie wünschen sich Eltern, die gut für sich selbst und für ihre Kinder sorgen. Für Kinder gut sorgen heißt auch, frühzeitig ihre Selbstständigkeit zu fördern.

Von Anfang an viel Spielraum lassen

Was sich so einfach und schnell liest, erleben viele Familien in der Praxis als mühevollen, anstrengenden Prozess. Sich lösen, auf Abstand gehen zu geliebten Menschen, das kann wehtun. Vor allem viele Mütter haben ihre Schwierigkeiten damit: Es macht Freude, den kleinen Sohn, die kleine Tochter zu bemuttern. Aber es fällt oft schwer, nicht mehr zu glucken und zu umsorgen, sondern sich abzugrenzen. Viel zu schnell sind die Baby- und Kleinkindzeiten dahin. Kaum im Kindergarten, in der Schule, beginnen die Kinder schon ihre eigenen Wege zu gehen. Das zu akzeptieren fällt manchmal schwer. Beobachten Eltern jeden Schritt ihres Kindes in die Selbstständigkeit mit Argusaugen, fordern sie pausenlose Nähe, Liebe ohne Grenzen, Zuwendung rund um die Uhr, dauerhafte Harmonie und Familienseligkeit, dann nehmen sie ihrem Kind die Luft zum Atmen, engen seinen Spielraum ein und verhindern so, dass es sich zu einem selbstbewussten und selbstständigen Menschen entwickelt.

Mit den Entwicklungsphasen Schritt halten
Der Ablösungsprozess zwischen Eltern und Kindern zieht sich über Jahre hin und wandelt sich dauernd. Was gestern noch galt, gilt heute nicht mehr. Mit jedem neuen Entwicklungsschritt der Kinder ändert sich das Familienleben. Die Spielregeln, die es bestimmen, müssen immer wieder neu festgelegt werden.

Vertrauen in die Kinder entwickeln

Nicht wenige Mütter und Väter beobachten jeden neuen Entwicklungsschritt ihres Kindes mit Bangen: Alles in Ordnung – alles so, wie es sein muss? Oder sollten wir uns Sorgen machen, weil die Entwicklung nicht ganz so perfekt verläuft, wie wir es eigentlich erwarten? Nicht wenige Eltern äugen häufig nach rechts und nach links und fragen sich: »Wie machen sich eigentlich die Altersgenossen unseres Sprösslings? Schneiden sie besser oder schlechter ab im Leistungssystem? Oder kann der eigene Nachwuchs bei der Konkurrenz gut mithalten?« Es fällt ihnen schwer, sich von anderen abzugrenzen, nur das eigene Kind zu betrachten, seine Lebensfreude zu genießen, seine Fähigkeiten zu bewundern und nicht jede seiner Regungen gleich zu bewerten.

Vor allem die überängstlichen, wenig selbstbewussten Gemüter unter den Müttern und Vätern belauern ihre Kinder häufig und zwar sehr oft schon in der Erwartung, dass sich bestimmt Probleme ergeben werden – Schwierigkeiten im Kindergarten, in der Schule, im Umgang mit Altersgenossen zum Beispiel. Schlagen sich Eltern laufend mit Ängsten um das Wohl und Wehe ihres Nachwuchses herum, überträgt sich ihre Unsicherheit häufig auf den Sprössling. Und damit entstehen dann gerade die Probleme, die Mütter und Väter so fürchten: Weil es sich ständig unter Beobachtung fühlt, beginnt ihr Kind Schwierigkeiten zu machen. Da ihm seine Eltern immer auf den Fersen sind, weil sie kein Vertrauen in seine Fähigkeiten zeigen, und weil sie es durch ihre ständigen Befürchtungen und ihre Skepsis verunsichern, statt es durch Optimismus in seiner Entwicklung zu bestärken, kann es kein ausreichendes Selbstvertrauen entwickeln.

Um diesen Weg in die Sackgasse zu vermeiden, sollten Mütter und Väter nicht nur und vor allem den Blick auf ihr Kind richten und über sinnvolle erzieherische Maßnahmen nachgrübeln – »wie können wir seine Entwicklung unterstützen, wie seinen Ehrgeiz anstacheln, wie seine Leistungsbereitschaft fördern?« –, sondern bemüht sein, den eigenen Standpunkt zu überprüfen und häufiger selbstkritisch zu fragen:

- Welche Erwartungen habe ich eigentlich an unser Kind? Und warum sind mir bestimmte Vorstellungen so wichtig?
- Welche Werte will ich vermitteln, und was bedeuten diese Werte für mein Kind und für mich?
- Welche Erziehungsziele sind mir wichtig? Warum verfolge ich gerade diese Ziele?
- Wie verhalte ich mich eigentlich? Wie gehe ich mit meinem Sohn oder mit meiner Tochter um?

Gelegentlich zurückzutreten, das eigene Kind, aber auch die eigene Person und das eigene Tun und Lassen kritisch anzuschauen, also mal auf Distanz zu gehen zum eigenen Familiengeschehen, das fällt vielen schwer. Es ist nicht einfach, alte Fahrwasser zu verlassen, um mit sich selbst in ein Gespräch zu kommen. Dabei kann es ausgesprochen hilfreich sein, bestimmte Muster genau zu betrachten:

- Was läuft zu Hause täglich mit Kind und Kegel ab?
- Welche Rolle spiele ich? Welche Rolle spielen die anderen Familienmitglieder?

Es lohnt, das eigene Verhalten auf den Prüfstand zu stellen, es eventuell zu korrigieren, den Blick also nicht nur und ausschließlich auf die Kinder zu richten, sondern die Blickrichtung oftmals zu wechseln, um neue Perspektiven zu gewinnen.

Gelingt es Eltern, die eigenen Unsicherheiten zu begrenzen, dann fällt es leichter, zuversichtlich in die Zukunft zu schauen, ihr Kind voller Vertrauen anzusehen und damit zu signalisieren: »Du machst das schon! Du nimmst eine gute Entwicklung!«

Warum ein Kind Grenzen braucht

Zuerst schaut es sich die Welt vom sicheren Schoß der Mutter aus an. Dann kommt das Kind nach und nach in Bewegung und macht sich neugierig daran, die Welt zu erforschen. Alles ist riesig, aufregend, geheimnisvoll und auch ein wenig beängstigend. Wie gut, dass Mutter oder Vater ihm Rückhalt geben, es ermutigen, ihm verschiedene Möglichkeiten zeigen und helfen – wenn nötig oder erwünscht –, richtige Entscheidungen zu treffen und da Grenzen ziehen, wo es sein muss – manchmal auch gegen den Widerstand des Kindes.

Wichtige Orientierungspunkte

Weil die Welt groß und fremd vor ihm liegt, braucht das Baby Orientierungsmarken auf seinen Erkundungswegen. Es braucht Erwachsene, die ihm den Weg zeigen, wenn es nicht weiter weiß; die ihm Mut machen, wenn es zaudert; die es loben, wenn es angestrebte Ziele erreicht, und die es auffangen, wenn Irrwege eingeschlagen werden. Wird es gefährlich, rufen die Eltern »Stopp!« und erklären, warum sie Grenzen setzen, und das sollten sie am besten während der gesamten Kindheit tun:

- Eine Fünfjährige und ihre Mutter sitzen mit kranker Katze beim Tierarzt im Wartezimmer. Das Mädchen will einen Hund streicheln, der unter einem Stuhl liegt und döst. »Fass ihn lieber nicht an«, sagt die Mutter, »er kennt dich nicht und hat Schmerzen. Vielleicht fühlt er sich durch dich gestört und schnappt zu!«
- Ein Vierjähriger spielt im Gartenlokal zwischen den Tischen und läuft dem Ober vor die Füße, der ein voll beladenes Tablett trägt. Die Mutter ruft ihren Sohn zurück, erklärt ihm, warum er sowohl sich als auch den Kellner gefährdet: »Du stehst ihm im Weg. Stolpert er über dich, dann kann er stürzen. Der heiße Kaffee schwappt vielleicht über und verbrüht dich oder ihn! Spiel lieber nebenan auf der Wiese. Von da aus kannst du mich auch sehen!«
- Ein Zweijähriger trödelt durch die Küche, nähert sich bedenklich dem Herd, auf dem ein Topf mit heißem Wasser steht. Vom Flur aus ruft die Mutter erschrocken, als sie die brenzlige Situation wahrnimmt: »Komm zu mir! Weg vom Herd!«

Es fällt Eltern in der Regel nicht schwer, Grenzen zu setzen, wenn eine besondere Situation gegeben ist – eine, die ihnen keine andere Wahl mehr lässt, als zu reagieren, – manchmal auch gegen den Willen ihres Kindes:

- Eine Siebenjährige liegt mit Grippe und hohem Fieber im Bett. Das Fieber steigt, und das heißt für die Mutter des Mädchens: Ich muss jetzt einen Wadenwickel machen, um das Fieber zu senken. Obwohl sich ihre kranke Tochter gegen den lästigen, feuchten Wickel wehrt, gibt's keine Diskussion mehr. Der Wickel wird gemacht. Die Begründung heißt: Er muss einfach sein!
- Ein fünfjähriger Knabe hat den Kindergarten satt. Er weigert sich hinzugehen. Die Begründung für seine Unlust: »Ich langweile mich da nur!« Die Mutter kann die Weigerung nicht akzeptieren, denn sie ist vormittags berufstätig. Ihr Sohn muss im Kindergarten bleiben, während sie arbeitet. Deshalb sagt sie klipp und klar und mit allem Nachdruck: »Du musst in den Kindergarten

gehen! Du kannst mich nicht ins Büro begleiten und auch nicht alleine zu Hause bleiben. Also hast du keine andere Wahl, als in den Kindergarten zu gehen! Da gibt es keine Diskussion!«

- Ein zweijähriger Zwerg hält nichts von Mützen. Kaum zieht man sie ihm über den Kopf, zieht er sie schon wieder herunter. Weil es draußen bitterkalt ist und weil der Junge gerade seine erste Mittelohrentzündung überstanden hat, lässt sich seine Mutter auf keine Diskussion zum Thema Mütze ein. Sie erklärt dem Mützenmuffel: »Du musst eine Mütze aufsetzen, sonst wirst du wieder krank!« Weil die Erklärungen keinen großen Eindruck bei ihrem Sohn machen, setzt sie dem Jungen schließlich gegen seinen Willen die Mütze auf den Kopf, bindet sie fest und hält das Geschrei aus, das nun folgt und wechselt das Thema. Nach einer Weile gibt sich das Getöse.

Schwerer fällt es Eltern, Grenzen zu setzen, wenn eigentlich ein Spielraum vorhanden wäre, also kein unbedingtes Muss gegeben ist, sie aber aus gutem Grund beschlossen haben, diesen Spielraum zu begrenzen. In solch einer Situation kommen manchem Vater, mancher Mutter doch Zweifel: »Habe ich wirklich gute Gründe, hier eine Grenze zu ziehen? Oder verhalte ich mich hier zu willkürlich?« Zwei Beispiele:

- Die dreijährige Tochter wird gegen Abend erst richtig schön munter. Gegen acht Uhr abends ins Bett abmarschieren? Eine Zumutung aus ihrer Sicht. Sie denkt gar nicht daran, sich unter ihre Bettdecke zu verziehen. Da helfen keine Gute-Nacht-Geschichte und kein gutes Zureden. Das Mädchen kräht immer wieder nach Mama und Papa. Nach Wochen reißt den Eltern der Geduldsfaden. Sie wollen den Rest des Abends für sich allein haben. Deshalb ziehen sie einen Schlussstrich und der heißt: »Du bleibst jetzt im Bett! Und wir reden nicht mehr mit dir. Jetzt ist Ende mit der Unterhaltung. Auch mit deinem Weinen erreichst du nicht, dass wir noch mit dir plaudern! Wir gehen jetzt und schließen die Tür!« Als die Tochter minutenlang weint, ist die Mutter wieder kurz davor, sich auf ein Gespräch mit der Kleinen einzulassen, um den Kummer zu lindern. »Lass es«, warnt sie der Vater. »Zeig dich kurz in der Tür, damit sie sich nicht allein gelassen fühlt. Aber lass dich bitte auf kein Gespräch mehr ein!«

➤ Drei kleine Kinder rund um die Uhr versorgen, das macht zwar Freude, ist aber gleichzeitig mehr als anstrengend. Mittags braucht die Mutter von Hajo, 2 Jahre alt, von Rike, 4 Jahre alt, und von Franzi, 5 Jahre alt, einfach eine kurze Auszeit von ihrer Kinderschar – eine halbe Stunde Pause ganz für sich allein, um neue Kräfte zu sammeln. Dass sie alle drei in ihre Betten setzt, die Tür vom Kinderzimmer mit Nachdruck mit einem »Jetzt bin ich eine Weile nicht für euch zu sprechen!« schließt und das Wohnzimmer zum Ausruhen für sich alleine beansprucht, das passte den Kindern zu Beginn der Aktion gar nicht. Dauernd sind sie wieder aus den Betten gehüpft, im Wohnzimmer mit dringlichen Wünschen aufgekreuzt, haben gequengelt, haben gebettelt – »Kannst du uns nicht vorlesen?« und »Ich habe Durst!« und sich vor der Mutter gestritten – extra laut und extra wüst. Alle Tricks aber haben nichts gebracht. Stur blieb Hajos, Rikes und Franzis Mutter bei ihrem Plan: »Jetzt bin ich eine Weile nicht für euch zu sprechen!« Die Kinder wurden immer wieder ins Kinderzimmer verbannt. Nach ein, zwei Wochen hatten sie begriffen: Was wir auch machen, die Mami lässt sich nicht erweichen! Später hat sie wieder Zeit für uns! Inzwischen hat sich das Trio an die kurze Mittagspause gewöhnt und nutzt die Zeit, um Bilderbücher anzuschauen.

Viel Freiheit lassen

Egal welchen Alters, ein Kind wünscht sich eine Richtschnur, an der es sich orientieren kann. Es wehrt sich jedoch gegen ein zu starres Korsett, in das es mit Macht gezwängt wird. Es will sich in diesem Rahmen nicht eingeengt fühlen; es braucht ausreichend Freiraum für Spiele und Experimente, die ihm Freude machen und es in seiner Entwicklung weiterbringen. Stößt ein Drei-, Fünf- oder Zehnjähriges dauernd an Schranken und Mauern, lässt es schließlich das Fragen und Forschen, und seine Neugierde verkümmert.

Die Spielregeln hinterfragen

Verhaltensrichtlinien dienen dazu, das Zusammenleben zu regeln, doch sie dürfen auch infrage gestellt werden. Schon Zweijährige können viel Energie und viel Charme aufbringen, wenn es darum geht, ihren Spielraum zu erweitern. Kinder wollen Grenzen austesten. Während des Trotzalters und der Pubertät überprüfen sie besonders gern die Verlautbarungen ihrer Eltern auf Haltbarkeit.

Töchter und Söhne wollen und sollen nicht nur nett und artig sein und das hinnehmen, was die Erwachsenen ihnen vorgeben. Immer gehorchen und klein beigeben und die Großen als allwissende Autoritäten betrachten, das ist wahrlich nicht in ihrem Interesse. Im Gegenteil. Weit besser für ihre Entwicklung zu selbstsicheren und selbstständigen Wesen ist, gründlich zu untersuchen, was die Großen vorgeben; lernen, die entsprechenden kritischen Fragen zu stellen und sich nicht einfach stur an die Vorgaben der Erwachsenen zu halten: »Warum darf ich nicht bei meinem Freund übernachten?« Oder: »Warum darf ich nicht erst draußen spielen und dann meine Hausaufgaben erledigen?«

Auf diese Weise lernt ein Kind nicht nur nach und nach, die Spielregeln zu hinterfragen, die zu Hause gelten, sondern sich eine eigene Meinung zu bilden und diese auch zu vertreten: »Wieso soll ich pünktlich zu Hause sein? Ich sehe nicht ein, dass ich um sechs Uhr schon wieder zurück sein soll. Ich kann mir doch später etwas zu essen machen und muss nicht unbedingt mit euch am Tisch sitzen!« Oder: »Wieso kann ich nicht die Haarfarbe haben, die ich möchte? Das sind doch meine Haare und nicht eure. Ich mag grüne Haare. Ob ich sie mir färbe, ist allein meine Angelegenheit!«

Söhne und Töchter bekommen schnell heraus, dass nicht alle Regeln ihrem Wohl dienen. Manche entstehen nur aus einer Laune heraus oder sollen elterliche Macht zementieren. Umso besser, wenn sie früh lernen, sich hier zu wehren, und sich trauen, die Sache auch beim Namen zu nennen: »Ich soll doch bloß im weißen Blüschen herumlaufen, damit ich ›nett‹ aussehe, wenn eure Freunde zu Besuch kommen!« Oder: »Ein Instrument soll ich doch nur spielen, weil das euren Vorstellungen von Leistung entspricht, und nicht, weil ich Interesse an Musik habe!«

Die Grenzen, die Eltern setzen, werden nicht nur auf Festigkeit und Stimmigkeit überprüft, sondern manchmal auch schlicht ausgehebelt: »Eure Maßstäbe sind nicht meine. Ich mach, was ich will!« Oder: »Ich denke nicht daran, mich nach euch zu richten!«

Diskussionen machen Sinn

Die Folge: Krach und endlose Diskussionen – alles zusammen ein wichtiger Lernprozess für Eltern und Kind. Diese Auseinandersetzungen sind sinnvoll. Sie sind eben nicht überflüssig und Energie verschwendend, sondern helfen einem Kind, selbstständiger zu werden. Außerdem lernt es, dass es Folgen haben kann, sich nicht an Abmachungen zu halten: »Komme ich nicht wie verabredet zum Mittagessen, sondern erscheine erst eine Stunde später, gibt's keine warme Mahlzeit mehr, sondern nur noch ein Wurstbrot auf die Hand.«

Zuverlässig sollen Eltern sein

Heute so, morgen ganz anders – Kinder haben Schwierigkeiten die Stimmungsumschwünge mancher Erwachsener nachzuvollziehen. Wieso verbieten manche der Großen heute, was sie morgen erlauben? Schwer nachzuvollziehen für alle, aber erst recht für jüngere Gemüter, die sich in der Welt noch nicht perfekt zurechtfinden und ihren Weg erst noch suchen müssen. Sie brauchen eindeutige Orientierungsmarken. Verändern sich die Fixpunkte laufend, verlieren sie leicht die Orientierung und wissen nicht mehr, wo's lang geht. Deshalb wünschen sich Kinder Eltern, die berechenbar und zuverlässig sind und verabredete Regeln auch ernst nehmen und sich auch selbst daran halten. Ein Beispiel.

Die vierjährige Sarah hat morgens absolut keine Lust auf den Kindergarten. Ihre Mutter besteht jedoch darauf, dass sie geht und verspricht gleichzeitig: »Du kannst dich darauf verlassen, dass ich dich nachher pünktlich abhole!« Die Mutter steht dann auch wirklich zur verabredeten Zeit vor dem Kindergarten.

Mal seh'n, wie die Großen reagieren

Jedes Kind muss mal über die Stränge schlagen, die Eltern ärgern und zur Verzweiflung bringen, um herauszufinden, wie sich Erwachsene verhalten und welche Muster in dem sozialen Umfeld, in das sie hineinwachsen, gelten: »Wie reagieren die Erwachsenen, wenn ich genau die Schimpfwörter benutze, die sie zum Tabu erklärt haben?« Oder: »Ärgern sie sich, wenn ich ungewaschen zum Frühstück erscheine, oder bleiben sie cool?«

Nur verwöhnt und in Watte gepackt zu werden, nur tun und lassen können, was man will, ohne je den Widerstand der Großen zu spüren, das alles ist nicht nach dem Gusto von Kindern. Egal ob zwei oder zehn Jahre alt – ein Kind fühlt sich zu Hause nur dann gut aufgehoben und sicher, wenn die Erwachsenen ihm auch mit Festigkeit entgegentreten und signalisieren: »Wir lassen uns nicht immer von dir um den kleinen Finger wickeln und alles mit uns machen!« Auf diese Weise lernt es, dass seine Macht und seine Freiheit Grenzen haben und dass auch andere Rechte und Freiheiten haben. Darauf muss man sich einlassen. Bisweilen sind die unterschiedlichen Bedürfnisse aufeinander abzustimmen. Oft ist auch Rücksichtnahme auf die Belange anderer angesagt.

Bei Regelverletzungen und Grenzüberschreitungen sammelt ein Kind wichtige Erfahrungen. Es lernt verschiedene Verhaltensmuster kennen und einzuordnen und das eigene Verhalten auf Reaktionsmuster anderer abzustimmen. Natürlich macht es Spaß, Versuchballons zu starten und auszuprobieren, ob die Reaktionen der Erwachsenen wirklich immer wieder nach dem gleichen oder ähnlichen Muster ablaufen. Diese Testspiele sind eine reizvolle Angelegenheit für ein Kind. Der Reiz dieser »Lern«-Spiele lässt nach, wenn die Erwachsenen konsequent, aber nicht stur und starrsinnig, auf Einhaltung der Regeln beharren, die sie mit ihm verabredet haben.

Dass Regeln, Gebote und Verbote nicht nur lästig, willkürlich oder überflüssig sind, sondern manchmal durchaus ihren Sinn haben, sieht ein Kind mit der Zeit immer häufiger ein: »Ich kann nicht nur tun, was ich will. Freiheit von morgens bis abends gibt es einfach nicht!«

Warum es schwer fällt, Kindern Grenzen aufzuzeigen

Wo können Eltern lernen, Grenzen zu setzen? Am besten bei ihren Kindern: Sie sind nicht nur Meister im Überschreiten von Grenzen, sondern auch darin, selbst Grenzen zu ziehen. Sie ziehen sich zurück, wenn sie ihre Ruhe haben möchten, und hören nicht mehr zu oder laufen davon, wenn sie aufräumen sollen. Statt das zu tun, was ihre Eltern von ihnen erwarten, signalisieren sie: Ihr könnt nicht einfach über mich bestimmen!

Weil es heute kein allgemein gültiges Erziehungsprinzip gibt

Schon das Baby kneift den Mund ganz fest zu, sobald es satt ist. »Nein, ich will nicht!«, kreischt der Zwerg im Trotzalter und denkt gar nicht daran, klein beizugeben. »Kein Eintritt!«, steht klar und deutlich an der Schlafzimmertür des Zehnjährigen.

Von derart ungenierter Direktheit können Eltern bloß träumen: Nur die wenigsten sind im Abstecken von Grenzen so unverblümt wie ihre Kinder – nicht nur, weil sie als Erwachsene behutsamer sind, sondern auch, weil Eltern heutzutage vor allzu viel Strenge, vor Verboten und Strafen zurückschrecken. Sie wollen ihre Kinder – zum Glück! – nicht beherrschen; autoritäre Erziehung ist ihnen ein Graus. Sie sind toleranter, großzügiger und freundschaftlicher als Eltern früher.

Gleichwohl tun sie sich schwer, ein eigenes neues Erziehungskonzept zu entwickeln. Seitdem das Familienleben nicht mehr streng geregelt und hierarchisch strukturiert ist, Traditionen kaum noch gelten und die Werte ins Wanken geraten sind, ist die Unsicherheit unter den Eltern groß.

Den damit verbundenen Diskussionen fühlen sich Eltern nicht gewachsen. Ständig heißt es vonseiten der Kinder: »Warum sollen wir das tun? Muss das sein? Wieso seid ihr bloß so spießig? Müsst ihr uns ständig nerven?« Am Ende ihrer Geduld angelangt, explodieren die Eltern irgendwann; doch sobald der Sturm vorbei ist, bleibt alles beim Alten. Ihre bemühten Erziehungsversuche verpuffen. Die Kinder spüren ja, wie unsicher ihre Eltern sind, wie hilflos und angreifbar. Also werden Regeln und Grenzen permanent infrage gestellt.

Woher rührt die Unsicherheit in der Erziehung, der Mangel an Durchsetzungsvermögen? Warum geschieht nicht, was Eltern wollen? Die Gründe dafür sind vielfältig.

Weil Eltern nicht Nein sagen können

Manche Eltern haben Angst, zu autoritär zu sein. Ihre Kinder dürfen fast »alles«. Sicher, sie ermahnen ihr Kind »tausendmal«: »Lass das!«, oder: »Tu dies!«, aber sie setzen sich nicht durch. Denn sie bringen es nicht übers Herz, hart zu bleiben, sondern geben gegen ihre Überzeugung irgendwann auf. Insgeheim fürchten sie, die Zuneigung und Sympathie ihrer Kinder zu verlieren, wenn sie zu streng sind.

Solche Eltern möchten auch keinesfalls als Besserwisser oder intolerante Prinzipienreiter gelten. Begriffe wie »Grenzen setzen« und »Konsequenz« sind für sie negativ besetzt:

Locker und freundschaftlich soll es bei ihnen zugehen, in der Hoffnung, dass ihre Kinder, die nicht unter Druck und Verboten zu leiden haben, sich frei und selbstbestimmt entwickeln. Das geschieht aber nicht, da die Kinder nie richtig wissen, woran sie sind.

Viele Kinder werden so zu unerträglichen Nervensägen, die ihre Eltern tyrannisieren und ihren Willen auf Biegen und Brechen durchsetzen müssen: Sie haben so viel Macht, dass sie für die Bedürfnisse anderer Menschen kein Gespür entwickeln können. Im Grunde schreien sie förmlich danach, Entschlossenheit zu spüren, Verbindlichkeit zu erleben – in der unbewussten Hoffnung, doch noch Halt und Orientierung zu finden. Denn es ist schwer, sich mit Eltern zu identifizieren, die Konflikte scheuen, nicht bei ihrer Linie bleiben können und sich dem Laisser-faire verschrieben haben. Außerdem erleben Kinder, deren Eltern meistens im Jein stecken bleiben, in Zukunft jedes unmissverständliche Nein als persönliche Niederlage oder zumindest als Zumutung und Ablehnung und begehren entsprechend dagegen auf.

Nicht alle, die keine Grenzen erfahren, werden zu kleinen Tyrannen. Manche ziehen sich zurück, sind eher schüchtern und angepasst. So erlegen sie sich instinktiv die Grenzen auf, die sie zu Hause nicht erfahren – und so auch nicht testen und übertreten können. Weil ihnen die Vorbilder fehlen, die Halt geben und mit denen sie sich auseinander setzen können, bauen sie sich selbst ein Korsett, um das fehlende Selbstvertrauen zu kompensieren.

Weil Eltern unbedingt alles anders machen möchten als ihre eigenen Eltern

Dass Eltern keinesfalls in die Fußstapfen ihrer eigenen Eltern treten möchten, das kann seine Gründe darin haben, dass sie als Kinder unter der Strenge in ihrer Familie gelitten haben. Immer mussten sie brav und folgsam sein; oft hatten ihre Eltern etwas zu tadeln und auszusetzen. Dieser Erziehungsstil hat sie vermutlich zu Menschen gemacht, die häufig von Schuldgefühlen geplagt werden und sich leicht von Autoritätspersonen einschüchtern lassen. Kein Wunder, dass sie ihren Kindern all das ersparen wollen und sich manchmal enorm schwer tun, Grenzen zu setzen.

Sie überschütten ihre Söhne und Töchter mit Liebe und tun »alles« für sie – damit sie stark und selbstbewusst werden. Niemals sollen sie sich klein und nichtsnutzig fühlen wie sie damals. Nur reagieren sie damit noch immer auf die negativen Erfahrungen in ihrer eigenen Kindheit, anstatt zu überlegen: »Wo stehen wir selbst?« So geschieht das, was sie verhindern wollten: Die eigenen Eltern erziehen mit. Und unwillkürlich verschließen sie sich der Möglichkeit, eigenständig Probleme zu lösen – und ihre Kinder so zu sehen, wie sie sind.

Außerdem fordern sie zu wenig von ihren Kindern und von sich viel zu viel: So zeigen sie sich selbst dann noch lieb und verständnisvoll, wenn sie längst vor Wut kochen. Aber ihre fast übermenschlichen Ansprüche an sich selbst und ihr schlechtes Gewissen lassen sie nicht los. Und wenn sie doch einmal in die Luft gehen, schämen sie sich furchtbar. Oder wenn sie ihren Kindern trotz allem mal eine klare Grenze setzen, nehmen sie sie irgendwann wieder zurück: Eigentlich sind sie immer noch so unsicher wie damals in ihrer Kindheit. Die Folge: Ihre Kinder genießen ihre großen Freiheiten weniger als erwartet. Sie sind meist grenzenlos frech und gar nicht so zufrieden und ausgeglichen, wie es die Eltern erhofften. Sie fordern die Eltern ständig heraus, als wollten sie wissen: Was muss ich noch alles anstellen, damit ich endlich gezeigt bekomme, wo's lang geht?

Weil Eltern ihren Kindern zu enge Grenzen setzen

Wenn Eltern immer Angst um ihre Sprösslinge haben oder ihnen einfach zu wenig zutrauen, fühlen sich die Kinder unter Beobachtung, ständig ihrer Freiheiten beraubt und reagieren entsprechend bockig. Sie denken immer seltener daran, das zu tun, was Mutter oder Vater von ihnen erwarten. Diese ängstlichen Eltern wollen ihren Kindern in allen Lebenslagen helfen, ihnen Gefahren oder allzu unangenehme Erfahrungen ersparen. Ist ihr Kind wild und abenteuerlustig, versuchen sie, es zu bremsen. Müht sich ihr Kind mit einer Bastelarbeit ab oder versucht die Gläser aus der Spülmaschine zu räumen, sind die Eltern gleich zur Stelle. Und gehört das Kind zu jenen, die »alles kaputtmachen«, was sie in die Hände bekommen, heißt es meist: »Das musste ja passieren, warum kannst du nicht einmal aufpassen!«

Kinder von extrem fürsorglichen Eltern tun sich meist schwer, selbstständig zu werden, Verantwortung zu übernehmen und eigene Entscheidungen zu treffen. Weil ihnen wenig zugetraut wird, sind sie entmutigt und hilflos – und setzen ihre Schwäche unbewusst in grenzenlose Forderungen um: Sie sehen nicht ein, dass sie ihre Schulaufgaben allein erledigen sollen, oder protestieren lauthals, wenn die Mutter sie nicht überallhin kutschiert – die Eltern haben doch sonst immer alles für sie getan.

Kinder nicht in Watte packen
Je ängstlicher und unsicherer ihr Kind ist, desto hingebungsvoller meist die Aufmerksamkeit der Eltern. Dabei sehen die Eltern oft gar nicht, dass sie ihr Kind einschränken – dass es nicht erfährt, was es kann und wo es sich besonders anstrengen muss, dass es keine Grenzen testet, um zu wachsen, und sich keinen Herausforderungen stellt, dafür aber die Eltern bis an die Grenzen ihrer Kraft bringt.

Weil Eltern sich aus der Erziehung heraushalten

Eltern, denen die Erziehung ihrer Söhne und Töchter nicht sehr wichtig ist, widmen ihrem Nachwuchs oft wenig Aufmerksamkeit und Zeit. Kindergärtnerin, Lehrer und andere Betreuer übernehmen im Wesentlichen die Anleitung der Kinder, während die Eltern am liebsten nur die »schönen Momente« mit ihnen verbringen. Sie unternehmen vergnügliche Dinge und beschenken sie nach Möglichkeit großzügig – schon um ihre immer wieder aufkeimenden Gewissensbisse zu beruhigen.

Die Eltern sind also in erster Linie Kumpel, die für gute Unterhaltung sorgen. Sie haben keine gewachsene Beziehung zu ihren Kindern, schauen gern weg, wenn Konflikte auftauchen und die Kinder sich schlecht benehmen, anstatt Stellung zu beziehen: Sollen sie sich denn die schönen Momente mit ihren Kindern durch Auseinandersetzungen vermiesen? Vor allem Väter, die häufig abwesend sind oder durch Scheidung von ihren Kindern getrennt leben, entziehen sich der Erziehungsaufgabe und haben zu ihrem Sohn, ihrer Tochter nur wenig Zugang.

Für die Kinder ist diese Situation heikel: Da ihnen das Vorbild fehlt, an dem sie sich orientieren können, ihnen die Geborgenheit abgeht, die entsteht, wenn man den Eltern nahe ist und sich an ihnen reibt, fühlen sie sich »heimatlos«. Häufig werden sie zu hektischen, rastlosen Kindern, die ihre Eltern ständig reizen, mit dem Ziel, sie endlich aus der Reserve zu locken, um Nähe zu fühlen. Die Botschaft heißt: Was muss ich noch anstellen, um euch aus der Reserve zu locken? Nehmt ihr mich endlich wahr, wenn ich einen Blödsinn an den anderen reihe? Oder habe ich mehr Chancen, von euch gesehen zu werden, wenn ich kreuzbrav bin, ganz angepasst und keinen Ärger mache?

Zuweilen klammern sie sich an andere Bezugspersonen, an die Erzieherinnen im Kindergarten, an Lehrer oder an Patentanten, Patenonkel, Großeltern. Oder aber sie ziehen sich zurück, nabeln sich frühzeitig ab und scheuen vor jeder Art von verbindlicher Beziehung zurück.

Weil Eltern ihren Kindern nichts vorschreiben wollen

Manche Eltern, die ihren Nachwuchs an der ganz langen Leine laufen lassen, wollen ihren Kindern dadurch helfen, sich zu freien und unabhängigen Menschen zu entwickeln. Sie möchten mit ihnen partnerschaftlich umgehen, sie auf keinen Fall gängeln und über sie bestimmen. Oft trauen sie sich aber einfach nicht, Stellung zu beziehen, und übertragen ihren Kindern deswegen zu viel Verantwortung: Sie sollen sich wie kleine Erwachsene verhalten, obwohl sie eigentlich noch Halt und Unterstützung brauchen. So »darf« schon das Kleinkind morgens selbst entscheiden, was es anzieht oder was es mittags essen will; so soll der Zehnjährige selbst beurteilen, ob er mit seinem Schnupfen in die Schule geht oder nicht – dabei sind die Kinder der Qual solcher Wahlmöglichkeiten gar nicht gewachsen.

Wenn ein Kind zu früh, also nicht seinem Alter entsprechend, Entscheidungen treffen und über sich selbst bestimmen soll, fühlt es sich allein gelassen und überfordert. Dass es die Aufgaben, die ihm die Eltern stellen, somit schlecht oder gar nicht bewältigt, ist klar. Die Eltern drängeln vielleicht und treiben es an, doch aus Hilflosigkeit verweigert es sich. Entnervt sagt es nur noch: »Ich weiß nicht« und kann sich zu nichts mehr entschließen. Oder aber es springt hektisch von einer Entscheidung zur nächsten und ist so unter Druck, dass es immer zappeliger wird. Was es braucht, sind überschaubare Grenzen und die Anleitung der Eltern, um von einer sicheren Basis aus in die Selbstständigkeit zu starten.

Weil Eltern ihr Kind nach Strich und Faden verwöhnen

Ein Kind, dem jeder Wunsch von den Lippen abgelesen wird, ist der Mittelpunkt der Familie, um den sich alles dreht. Die Eltern können ihm kaum einen Wunsch verwehren. Sie schaffen es einfach nicht, seine folglich ständig steigenden Ansprüche in Grenzen zu halten. Vielleicht weil sie für ihr Kind wenig Zeit haben und aus schlechtem Gewissen fehlende Zuwendung und eine schwierige Beziehung wenigstens durch die Erfüllung materieller Wünsche ausgleichen möchten. Zudem haben sie keinen Nerv für aufreibende Auseinandersetzungen.

Manchmal wollen sie auch zu viel des Guten. Vermutlich haben sie selbst hohe materielle Ansprüche, sind stolz auf ihren Wohlstand und wollen ihrem Kind möglichst viel bieten. Gibt es denn etwas Schöneres, als Kinder zu verwöhnen und sie mit Geschenken zu belohnen? Die Kleinen strahlen vor Freude, bedanken sich überschwänglich – und alle sind beglückt. Leider hält das Glück nicht an. Denn Kinder, die jeden Wunsch erfüllt bekommen, sind meist zutiefst unzufrieden, da sie letztlich nie genug haben. Wer sein Kind grenzenlos verwöhnt, treibt dessen Ansprüche ständig in die Höhe. Es wird immer fordernder und empfindet jedes Nein als unzumutbare Enttäuschung, quengelt unerträglich, motzt so lange, bis die Erwachsenen entnervt aufgeben und sich erneut daran machen, die nächsten Wünsche zu erfüllen. Oder es reagiert mit Wut und Beschimpfungen, wenn die Dinge nicht so laufen, wie es sie gerne hätte oder aber verfällt prompt in tiefe Niedergeschlagenheit.

Extrem verwöhnte Kinder sind auch selten motiviert, nach Wegen und Möglichkeiten zu suchen, sich ihre Bedürfnisse selbst zu erfüllen, denn sie haben nie gelernt zu kämpfen, um ans Ziel ihrer Wünsche zu gelangen. Anstrengung war nie nötig, um die eigenen Bedürfnisse zu befriedigen. Ihre Erfindungsgabe und Experimentierlust liegen brach. In ihrer Abhängigkeit von materiellen Dingen lernen sie weder die Befriedigung ihrer Wünsche aufzuschieben noch Kompromisse zu schließen. Denn sie gewinnen ja ihr Selbstwertgefühl vor allem aus dem, was sie an teuren Dingen haben, und freuen sich nur noch, wenn sie beschenkt und materiell verwöhnt werden.

Weil Eltern sich nicht entscheiden können

Jedes Kind wünscht sich Eltern, die wissen, was zu tun und was zu lassen ist und diese Sicherheit auch weitergeben. Sind die Erwachsenen fest davon überzeugt, auf dem richtigen Weg zu sein, dann strahlen sie Sicherheit aus. Sie wissen einfach, was jetzt zu tun oder zu lassen ist, das sieht man ihnen an der Nasenspitze an. Diese Sicherheit macht Eindruck, denn jedes Kind spürt: Mutter und Vater wissen, was sie wollen. Ihr Kind kann sich ein Scheibchen von dieser Gelassenheit abschneiden. Die Folge: Es fühlt sich damit selbst um einiges stabiler.

Diese Stabilität und Sicherheit zu gewinnen, fällt aber vielen Eltern schwer. Sie fühlen sich mit der Erziehung ihrer Kinder allein gelassen, denn es gibt heute weniger denn je ein allgemein gültiges Konzept, auf das sie zurückgreifen könnten.

Früher war das Leben mit Kindern von A bis Z reglementiert. Als Kind hatte man zu dienern und zu knicksen, bei Tisch den Mund zu halten, wenn Erwachsene redeten, bescheiden und leise zu sein, den Erwachsenen zu gehorchen und keine Widerworte zu geben. Diese Regeln, denen wir heute zu Recht kritisch gegenüber stehen, waren allgemein anerkannt und wurden nicht hinterfragt.

Die Liste der Verhaltensregeln war lang und nahm kein Ende. Damals achteten alle Eltern gemeinsam darauf, dass die Kinder spurten, und wenn sie über die Stränge schlugen, dann gab's einen Klaps auf den Po oder Stubenarrest – jedenfalls bestimmt keine langen Diskussionen, darin waren sich die meisten Erwachsenen einig. Autorität war angesagt.

Inzwischen haben sich die Zeiten reichlich geändert. Sicherlich sind sich auch heute noch Eltern in vielen Punkten einig, wenn es um die Erziehung ihrer Kinder geht. Zum Beispiel darin, dass Schläge keine geeignete Erziehungsmaßnahme sind, wenn Kinder nicht gehorchen. Oder dass Liebesentzug ein ungutes Mittel ist, Kinder einsichtiger zu machen. Aber danach hört die Gemeinsamkeit oft schon auf, denn heute ist auch in Sachen Kindererziehung Individualität angesagt, und Eltern haben oft sehr unterschiedliche Vorstellungen davon, wie das Leben mit Kindern zu gestalten ist. Zwei Beispiele, die zeigen, wie unterschiedlich die Erziehungsziele sind, die Eltern heute verfolgen:

- Die einen glauben, dass sie in erster Linie Begleiter ihrer Kinder sind – Vorbilder, an denen sich die Kinder unbewusst orientieren. Erziehungsziele, Erziehungskonzept – alles ziemlich überflüssig aus ihrer Sicht. Die Erziehung geschieht weitgehend von selbst, denn sie findet ganz nebenbei statt, ist eigentlich kein Thema, über das man sich groß Gedanken machen müsste, sagen sie. Sie lassen ihrem Nachwuchs frühzeitig große Freiheiten nach dem Motto: Kinder müssen ihre eigenen Erfahrungen sammeln, ihre Selbstständigkeit üben. Also sollte ihr

Spielraum möglichst wenig eingeschränkt werden. Ihr Ziel ist es, dass ihre Kinder weitgehend selbst heraus finden, was gut oder von Schaden für sie ist.

- Die anderen halten dagegen wenig von der großen Freiheit in Sachen Erziehung. Steht das Leben mit Kindern weitgehend unter der Überschrift »eigene Erfahrungen sammeln, Selbstständigkeit üben«, dann qualifizieren sie diese Erziehung schnell als Laisser-faire-Stil ab, der Kindern alles erlaubt und sie damit überfordert. Sie glauben, dass Kinder striktere Richtlinien brauchen, eben Eltern, die sie fester am Zügel halten und ihnen klare Ziele vorgeben. Sie sagen: Bei aller Selbstständigkeit, müssen Kinder doch laufend gezielt gefördert werden und man muss sie ab und zu kontrollieren. Sie finden nicht allein heraus, was gut oder schlecht für sie ist.

Mütter und Väter können also nicht länger auf ein allgemein verbindliches, von den meisten Eltern mit getragenes Erziehungskonzept zurückgreifen, sondern müssen selbst entscheiden, welchen Weg sie gehen wollen. Diese Freiheit ist den einen lieb und teuer. Endlich weniger Normen und Zwänge. Ich kann weitgehend selbst entscheiden, welche Werte mir wichtig sind und muss meine Kinder weniger als früher auf Wohlverhalten trimmen. Sie können frühzeitig selbst bestimmen, was ihnen wichtig ist und was nicht. Aufgabe der Eltern ist es vor allem, ihnen bei ihren Entscheidungsfindungen zu helfen.

Manche Mutter, mancher Vater fühlt sich allerdings bei so viel Freiheit überfordert: »Wie soll ich wissen, was für mein Kind gut ist oder ihm schadet? Auch wenn ich mein Kind gut kenne, mitschwinge, mir viele Gedanken um seine Entwicklung mache, bin ich doch kein Experte in Sachen Erziehung. Gerne hätte ich mehr Anleitung – ein vorgegebenes, klares Wertesystem, an dem ich mich orientieren kann.«

Vielschichtige Beziehungen
Alle genannten Gründe, die aufzeigen, warum Eltern sich schwer tun, ihren Kindern Grenzen zu setzen, sind natürlich Extrembeispiele. Sie können die vielschichtigen Beziehungen innerhalb einer Familie niemals in all ihren Dimensionen erfassen. So gibt es sicher keine Eltern, die absolut alles erlauben oder ihr Kind unentwegt nur verwöhnen – aber in jeder Familie, in der das Grenzensetzen zum Problem geworden ist, überwiegt einer der genannten Erziehungsstile.

Leichter fällt es vielen Müttern und Vätern, die Freiheit zu nutzen, wenn sie sich mit anderen Eltern zusammentun, mit ihnen über Erziehungsfragen diskutieren, sich gegenseitig stützen und gemeinsam überlegen, was ihnen bei der Erziehung ihrer Kinder besonders wichtig ist:

- Welche Werte wollen wir vermitteln und warum gerade diese Werte und keine anderen?
- Wo können wir unseren Kindern viel Spielraum lassen, um eigene Erfahrungen zu machen, wo müssen wir sie dagegen einschränken und warum müssen diese Grenzen sein?

Konsequent bleiben – Schwerarbeit für viele Eltern

Grenzen setzen – das klingt für viele Eltern nach einengen und gängeln, Strenge und Verbot. Es fällt Müttern und Vätern heute schwer, klar und hörbar »Stopp!« zu sagen. Sie fürchten, zu autoritär aufzutreten, zu wenig Geduld für ihr Kind aufzubringen und ihm zu schaden, wenn sie seinen Freiheitsdrang stutzen. Heute gehen die meisten verständnis- und liebevoll auf die Bedürfnisse ihrer Kinder ein und diskutieren mit ihnen, wenn sich Probleme ergeben.

Grenzen setzen heißt nicht gleich, autoritär zu sein

Oft kommt es beim Thema Grenzen zu einem Missverständnis. Grenzen setzen bedeutet nicht, wieder auf alte autoritäre Erziehungsmaßnahmen zurückzugreifen und dem Kind mit Sprüchen zu kommen wie: »Hier bestimme ich, und du hast dich zu fügen!« Oder: »Keine Diskussion. Du tust, was ich dir sage!« Oder: »Solange du die Füße unter meinem Tisch hast ...« Oder: »Zu Hause bestimmen immer noch wir, wo's lang geht!« Grenzen setzen heißt, einen Rahmen abzustecken, Orientierung zu ermöglichen und innerhalb dieses Rahmens so viel Freiheit zuzulassen, wie es sinnvoll und möglich ist. Aber was ist sinnvoll, und was ist möglich? Kein Wunder, dass hier die

Meinungen weit auseinander gehen. Jede Familie hat hier ihre eigenen Vorstellungen. Auch Mütter und Väter ziehen nicht immer an einem Strang. Das ist ganz normal.

Eltern kommen nicht drum herum, Grenzen zu setzen

Ängstliche Eltern stecken enge Grenzen. Sie nehmen seismographisch alles auf, was ihr Kind auf der Straße, bei Freunden oder in der Schule gefährden könnte, und bauen entsprechende Schutzwälle auf, um es vor Unheil zu bewahren.

Zupackendere Eltern dagegen haben weniger Schwierigkeiten, den Sohn oder die Tochter am langen Bändel laufen zu lassen. Sie machen ihrem Kind Mut, selbstständig zu werden, und nehmen sich selbst deutlich zurück: »Wir können dich nicht schieben und lenken. Du musst selbst lernen, mit der Welt klarzukommen!« Sie geben ihrem Kind den Spielraum und Rückhalt, den es braucht, um sich entfalten zu können, und grenzen es möglichst wenig ein.

Egal ob häufig oder selten ausgesprochen, ein Nein klingt immer unangenehm, streng und hart. Kinder finden sich damit nur ungern ab. Sie wehren sich, wenn Eltern mit Verboten kommen: »Ich denke nicht daran, das zu tun, was ihr mir sagt!« – »Ich bestimme selbst, was ich zu tun und zu lassen habe!«

Viele Mütter und Väter haben die Nase voll von den ewigen Auseinandersetzungen, die das Familienklima belasten. Wie herrlich einfach und bequem ist es dagegen, den Laden einfach lockerer laufen zu lassen und zu beschließen: »Wir streiten uns nicht dauernd herum und verschwenden unsere Energie nicht jeden Tag aufs Neue darauf, dem Sohn oder der

Tochter unseren Standpunkt klarzumachen. Das ist uns viel zu stressig. Warum nicht mal ein Auge – oder auch beide Augen – zudrücken!«

Für die Erziehung sind vor allem die Eltern zuständig

Manche Eltern resignieren auch – vor allem allein erziehende Mütter und Väter fühlen sich oft überfordert, mit Erziehungsproblemen allein gelassen und ziehen sich zurück. Andere hoffen auf Unterstützung durch die Schule. Vielleicht fällt es den Lehrern ja leichter, die Kinder anzuleiten, schließlich können sie auf Schulordnung und Lehrplan pochen. Auch wenn sie noch so ungern Richtlinien vorgeben – Eltern kommen nicht darum herum, der Verantwortung für ihr Kind gerecht zu werden, und das heißt im Alltag: Ich kann als Mutter, als Vater nicht in jedem Fall die Meinung meines Kindes berücksichtigen oder immer einen Kompromiss anstreben, sondern muss manchmal einfach durchgreifen und deutlich auf Gegenkurs gehen – immer dann, wenn sie davon überzeugt sind, dass ihr Sprössling ein kräftiges Stopp braucht.

Keine Scheu vor Auseinandersetzungen

Wer Grenzen setzt, riskiert Zorn und Streit, und natürlich werden Neinsager skeptischer betrachtet als Jasager. Das heißt aber nicht, dass Neinsager weniger geliebt werden. Die Beziehung zwischen Mutter, Vater und Kind muss nicht leiden, wenn die Fetzen fliegen und nicht nur eitel Sonnenschein herrscht. Kinder haben einen klaren Blick; sie wissen genau – manchmal allerdings erst im Nachhinein –, dass sie ab und an ein resolutes Nein brauchen. Je souveräner die Eltern, desto gelassener können sie Kritik und Skepsis ihrer Kinder ertragen.

Erwachsene haben immer dann eindeutig Stellung zu beziehen, wenn ein Kind noch nicht in der Lage ist, selbst die Verantwortung von A bis Z zu übernehmen, weil es ihm noch am nötigen Können und Verständnis mangelt. Neben Fragen zu Schule und Ausbildung geht es dabei vor allem um:

- die Sicherheit des Kindes
- die Gesundheit des Kindes
- die Rechte und Bedürfnisse anderer.

Kindern fällt es schwer, auf Wünsche zu verzichten oder sich auch mal mit etwas weniger als dem Optimum zufrieden zu geben. Dass ihnen gelegentlich auch Grenzen gesetzt werden müssen, wollen sie meist nicht akzeptieren.

Grenzen ziehen verlangt Mut
Wer sich schwer tut, Grenzen zu setzen, hat oft kein ausgeprägtes Selbstwertgefühl und Selbstbewusstsein. Er sehnt sich nach Dauerharmonie, will von allen akzeptiert werden, hat keine Traute, sich eine eigene Meinung zu bilden und diese auch zu vertreten, nötige Entscheidungen zu fällen und – falls er auf Widerstand stößt – auch durchzusetzen. Wer in der Vergangenheit oft zögerlich war, muss erst lernen, standhaft das als richtig erkannte ›Nein‹ auch gegen heftigen Protest zu vertreten und durchzusetzen.

Die Sicherheit des Kindes

- Spielt der Siebenjährige auf der Straße, pfeifen die Eltern ihn zurück: »Hier fahren Autos, und zwar nicht wenige. Deshalb solltest du hier nicht spielen. Kannst du nicht zum Spielplatz gehen?«

Alle Mütter und Väter versuchen ihr Kind vor Unheil zu bewahren, indem sie Ge- und Verbote aufstellen, beispielsweise:

Regel 1: Wenn du über die Straße gehst, musst du erst schauen, ob ein Auto kommt!

Regel 2: Auch wenn noch so viele Erwachsene bei Rot über die Straße gehen, du wartest bitte, bis die Ampel auf Grün springt!

Regel 3: Du gehst bitte auf keinen Fall allein nach Hause, sondern wartest, bis ich dich abhole!

Die Gesundheit des Kindes

➤ Schwirrt die Achtjährige mit klitschnassen Haaren ohne Mütze bei Eiseskälte nach draußen ab, stoppen sie die Eltern: »Du bist doch schon erkältet, deshalb solltest du aufpassen, dass du dir nicht auch noch Ohrenschmerzen einhandelst!«

Mithilfe von Regeln mühen sie sich, Vorsorge zu treffen, damit ihr Kind gesund bleibt, zum Beispiel:

Regel 1: Vor den Mahlzeiten werden keine Süßigkeiten gegessen, denn sonst vergeht dir der Appetit.

Regel 2: Du kannst dir aussuchen, was du isst, aber Obst und Gemüse stehen auch auf dem Speiseplan. Ganz ohne kommst du nicht aus.

Regel 3: Zähneputzen muss sein – da kommt keiner drum herum.

Die Rechte und Bedürfnisse anderer

➤ Bleibt der Zehnjährige in der Straßenbahn stur sitzen, obwohl sich ein alter Mann suchend nach einem Platz umschaut, machen

Mutter oder Vater ihm hoffentlich Beine: »Ein älterer Mensch hat mehr Probleme beim Stehen als ein junger. Du machst ihm eine Freude, wenn du ihm deinen Platz anbietest!«

Sie können Ihrem Kind einige Regeln zum Thema »soziales Verhalten« als Leitfaden mitgeben, beispielsweise:

Regel 1: Die Nachbarn grüßen, denn ein bisschen Freundlichkeit kann jeder gut gebrauchen.

Regel 2: Du stopfst das Essen bitte nicht in dich hinein, sondern achtest auf Tischmanieren, denn einem schmatzenden Schlinger zuzuschauen, ist für andere nicht erfreulich.

Regel 3: Abends bringst du bitte deine Malsachen, mit denen du gespielt hast, in dein Zimmer, denn wir Erwachsenen haben keine Lust, in einem vollgekramten Wohnzimmer den Abend zu verbringen.

Kinder sind meist aufs eigene Wohl aus

Kinder sind nicht immer umsichtig und rücksichtsvoll. Im Gegenteil. Häufig sind sie auf ihren Vorteil aus und clever genug, ihre Interessen auch durchzusetzen. Die Wünsche anderer zählen da nicht unbedingt. Nehmen sie ihr Ich zu wichtig, müssen Mütter und Väter in der Lage sein, ihren Ansprüchen Paroli zu bieten: »Vergiss nicht, dich nach anderen umzuschauen. Deine Mitmenschen haben ebenfalls Bedürfnisse, und diese Bedürfnisse zählen so viel wie deine! Du hast nicht immer und überall Vorfahrt!«

Geben Eltern keine Orientierungspunkte vor, weisen sie ihrem Kind zu viel Spielraum zu. Es entwickelt das Gefühl, andere um den Finger wickeln oder herumkommandieren zu können, rund um die Uhr tun und lassen zu können, was es mag, und es lernt nicht, die Rechte anderer zu sehen und zu achten. Wird ihm dagegen ein Leitfaden für sein Verhalten mitgegeben, ein Rahmen gesteckt, fällt es leichter, sich zu orientieren.

Wichtig: **Nie vergessen, das Warum zu erklären**
Versteht ein Kind, dass Ge- und Verbote nicht nur ein Ärgernis sind, sondern ihren Sinn haben, fällt es ihm schon weniger schwer, sie zu berücksichtigen. Es kann dann mehr darin sehen als ein Machtmittel der Großen. Deshalb reicht es nicht, nur Vorschriften zu machen. Eltern müssen vor allem erklären, warum sie wann und wo Grenzen setzen – auch wenn es manchmal lästig und anstrengend ist, nach stichhaltigen Begründungen zu suchen.

Sich als Eltern nicht beirren lassen

Ein Kind erlebt seine Eltern also nicht nur als liebevolle Beschützer, sondern auch fordernd und als lästige Spielverderber, die häufig gerade dann, wenn es das am wenigsten hören mag, mit ihrem Nein kommen. Sind Wünsche intensiv – und Kinderwünsche sind meist intensiv –, fällt es jedoch schwer, sie loszulassen. Die Wünsche auf später verschieben? Einfach unmöglich. Ein Kind tut einiges, um ans Ziel seiner Träume zu gelangen – da werden Hindernisse und Grenzen mit Elan überwunden. Bieten die Erwachsenen ihm jetzt Einhalt, pochen sie auf Regeln und Gebote, wird diese Haltung im ersten Überschwang der Gefühle oft vorschnell als Ablehnung empfunden: »Die Eltern haben etwas gegen mich, sonst hätten sie mir meinen Wunsch erfüllt! Andere Eltern erlauben viel mehr. Nur meine sind so streng!« Sich durch traurige Kinderaugen jetzt nicht beirren zu lassen, sondern bestimmt und konsequent zu bleiben, das ist nicht immer einfach.

Lassen sich die Erwachsenen jedoch allzu häufig durch den Charme ihres Sprösslings becircen und nehmen zurück, was sie gerade für nötig gehalten und verkündet haben, spürt das Kind, dass Mutter und Vater nicht ganz entschlossen sind oder nicht genau wissen, was sie eigentlich wollen. Es nutzt dann seine Chance und bittet weiter: »Seid doch nicht so streng ...«

Wenn es schwer fällt, konsequent zu bleiben und ihren Verführungskünsten zu widerstehen, ist es hilfreich, nicht nur mit den Kindern Vereinbarungen zu treffen, sondern auch selbst zu versuchen, ein paar Spielregeln zu beachten.

Spielregeln für Eltern

- Nur dann Nein sagen, wenn es sein muss und ernst gemeint ist. Das Nein nicht gleich wieder infrage stellen. Sagen Erwachsene heute »hü« und morgen »hott« oder dauernd »jein« und »ich weiß nicht«, dann setzen sie ihre Glaubwürdigkeit aufs Spiel. Für ein Kind erhöht sich damit der Reiz auszuprobieren, woran es wirklich ist.
- Vorher überlegen, was zu tun ist, wenn sich der Sohn oder die Tochter nicht an vereinbarte Spielregeln hält und gar nicht daran denkt, die vorgegebenen Grenzen zu respektieren. Ziehen die Eltern an einem Strang, sind sie doppelt glaubwürdig (siehe Seite 53).

- Nicht immer wieder neu mit den Kindern verhandeln und sich auf Diskussionen einlassen, sondern kurz auf die Abmachung verweisen: »Das ist vereinbart, dabei bleibt es!« Also eine klare, eindeutige Haltung einnehmen. Das verschafft Glaubwürdigkeit; langatmige Erklärungen und Moralpredigten prallen an Kindern ab.
- Berechenbar und zuverlässig sein. Es fällt Kindern leichter, Grenzen einzuhalten, wenn sie die Reaktionen ihrer Eltern voraussehen können und wissen, woran sie sind.
- Nicht lang und breit auf den Missetäter einreden. Monologe anzuhören ist langweilig. Dieses dauernde »Du weißt genau, dass du nicht…!« und »Wir haben verabredet, dass…« nervt. Da verkriechen sich schon Vierjährige in sich selbst und denken: »Lass sie doch reden. Ich bin gar nicht da!« Hat das Kind dazu noch ein schlechtes Gewissen, hört es erst recht nicht zu.

Machtkämpfe vermeiden

- Keinen Machtkampf anzetteln – was oft genug aus Hilflosigkeit geschieht. Nicht mit alten Sprüchen auftrumpfen wie: »Wir wollen doch mal sehen, wer am längeren Hebel sitzt!« Kinder haben bei Machtkämpfen einen langen Atem: plärren, brüllen, kreischen und trödeln, was das Zeug hält – da können und wollen Erwachsene nicht mithalten.

Um dieses Kräftemessen zu vermeiden, einen weiten Bogen um Machtkämpfe machen. Das bedeutet: Merken Eltern während einer Auseinandersetzung mit ihren Kindern, dass sich ein Machtkampf anbahnt, sollten sie schon im Vorfeld einen Haken schlagen, um gar nicht erst in die Sackgasse Machtkampf zu geraten.

Wann ufert ein Streit in einen Machtkampf aus?

– Wenn sich starre Fronten bilden.

– Wenn keine Auseinandersetzung mehr stattfindet, kein Austausch von Argumenten, sondern wenn es darum geht, die eigene Meinung mit Macht durchzusetzen: Wenn also jeder nur noch Recht haben will.

Was tun, wenn Vorbeugemaßnahmen nicht mehr greifen, wenn bereits ein Machtkampf zwischen den Großen und den Kleinen tobt? Wie komme ich auf einigermaßen elegante Art und Weise wieder aus der Falle, in die ich mich hineinmanövriert habe, und verschaffe mir wieder Gehör?

Schritt 1: Die Segel streichen. Den Kampf einfach abbrechen mit einem »So kommen wir nicht weiter!« oder »Ich halte nichts davon, unsere Muskeln um die Wette spielen zu lassen nach dem Motto: Wer ist der Stärkere, wer hat das bessere Durchhaltevermögen?«

Schritt 2: Die Kampfarena verlassen: Aus dem Zimmer gehen. Die Tür nicht zuknallen, aber nachdrücklich schließen und im Gehen über die Schulter sagen: »Am besten denken wir über unsere Meinungsverschiedenheiten nach und reden dann noch einmal darüber!«

Schritt 3: Später, wenn sich die Wogen geglättet haben und die Wut verraucht ist, das Gespräch wieder aufnehmen und versuchen, die verschiedenen Standpunkte zu klären.

➤ Nicht die Beherrschung verlieren. Hält sich ein Kind partout nicht an die vereinbarten Regeln, geschieht, was die meisten Eltern – vor allem wenn sie erschöpft oder überlastet sind – nicht wollen: Ihre Sicherung knallt durch; sie zetern und schimpfen lautstark, und das schon bei Kleinigkeiten. Ändern lässt sich durch so einen Ausbruch jedoch nichts. Der einzige Vorteil: Der Ärger verpufft. Man hat Dampf abgelassen.

Nicht mit Autorität auftrumpfen
Sind mehrere Geschwister an einer Auseinandersetzung beteiligt, sich die Kandidaten in einem Gespräch einzeln vorknöpfen. Darauf achten, dass das Gespräch ein Gespräch bleibt, in dem alle Beteiligten gleichermaßen zu Wort kommen und die Erwachsenen keine Monologe halten.
Trumpfen Eltern dagegen mit ihrer Autorität auf, sprechen sie häufig im Befehlston mit ihrem Nachwuchs, dann müssen sie sich nicht wundern, wenn ihre Kinder extra bockig reagieren oder ganz fix auf Durchzug schalten: Einfach nicht mehr zuhören, wenn die Erwachsenen mit ihnen reden.

Sparsam mit Strafen umgehen

➤ Nicht mit Drohungen und Strafen kommen, zum Beispiel dem Elfjährigen nicht Fernsehverbot ankündigen, wenn er abends erst gegen acht zu Hause auftaucht, statt um sechs Uhr wie verabredet, oder der Sechsjährigen Hausarrest verordnen, weil sie den Turnbeutel samt Turnschuhen verloren hat. Denn was hat das Fernsehen mit Unpünktlichkeit zu tun und was der verlorene Turnbeutel mit Hausarrest? Weil sich kein Zusammenhang ergibt, kann ein Kind den Sinn solcher Strafen nicht einsehen. Statt Einsicht bewirken sie höchstens Trotz und Bockigkeit. Nachvollziehbarer ist, wenn die Strafe in Zusammenhang mit der vorangegangenen »Missetat« steht. Willkürliche Strafen haben meist zur Folge, dass ein Kind sein Verhalten aus Angst vor den Eltern ändert und nicht etwa aus Einsicht.

Und welche Strafen machen Kindern Eindruck? Ein paar Beispiele für Strafen, die Wirkung bei Kindern zeigen können, weil sie nicht willkürlich aus der Luft gegriffen sind, sondern ein Zusammenhang mit dem Verhalten gegeben ist, das die Erwachsenen bemängeln:

- Der vierjährige Jonas hat den Nachmittag bei einem Kindergartenfreund verbracht. Als ihn seine Mutter gegen Abend abholt, quengelt und trödelt Jonas. Er will einfach nicht in die Gänge kommen. Seine Mutter droht ihm: »Wenn du weiter so trödelst, dann bleibt nachher zu Hause keine Zeit, um gemeinsam ein Bilderbuch anzuschauen. Das wird dann ausfallen müssen!« Jonas trödelt trotz dieser Ankündigung munter weiter. Die Dauertrödelei hat schließlich zur Folge, dass das gemeinsame Anschauen des Bilderbuchs später wirklich ausfällt.
- Die siebenjährige Franziska setzt sich nicht, wie verabredet, gleich nach dem Mittagessen an die Schularbeiten, sondern ist den ganzen Nachmittag mit tausend anderen Dingen beschäftigt, nur nicht mit Schuldingen. Am Schreibtisch sitzt sie jedenfalls keine Minute. Nach dem Abendbrot ist noch immer keine Zeile geschrieben und keine Aufgabe gerechnet. Weil sich diese Geschichte seit Tagen wiederholt, weil alles Reden nicht fruchtet, darf Franziska heute nicht zur Großmutter gehen, wie eigentlich verabredet, um mit ihr noch eine Runde Karten zu spielen. Stattdessen heißt es: »Du bleibst zu Hause und erledigst erst einmal deine Schulsachen!« Ihre Mutter bleibt hart. Franziskas Versprechen »Morgen mach ich's anders!« verhallt ungehört.
- Gegen acht Uhr soll der zehnjährige Michael zu Hause sein. Dieser Zeitpunkt ist mit seinen Eltern verabredet. Michael trudelt statt um acht Uhr gegen neun Uhr zu Hause ein. Ergrimmt darüber, dass sich ihr Sohn erneut nicht an den verabredeten Zeitpunkt hält, so wie in letzter Zeit schon häufiger, halten sie ihm einen Vortrag und bestrafen ihn schließlich: »Damit du merkst, dass es

uns ernst ist!« Die Strafe: Michael soll eine Weile auf abendliche Vergnügungen außer Haus verzichten.

Wenn möglich, sollte man ganz auf Strafen verzichten. Die Angst vor Strafen bringt Kinder dazu, Lügen zu erfinden und ständig nach Ausflüchten zu suchen. Strafen sind erniedrigend und zeigen den Kindern: Die Eltern kosten ihre Macht aus, aber eigentlich sind sie hilflos. Im Übrigen nutzen Strafen meist nur kurzfristig, auf Dauer verfallen Kinder auf Tricks und Heimlichkeiten. Die Beziehung zu den Eltern hat dann kaum eine Chance, offen und freundschaftlich zu sein.

Möglichst nicht drohen oder Vorhaltungen und Vorwürfe machen, wenn das Kind gegen Regeln verstößt, denn dadurch ändert es sein Verhalten nicht, es fühlt sich eher in die Enge getrieben und verschließt sich. Eltern finden im Schimpfen zwar ein Ventil für ihren Zorn und ihre Enttäuschung, aber letztendlich haben sie nichts im Griff – weder sich noch das Problem. Besser ist es, eisern und unverdrossen auf den vereinbarten Grenzen zu bestehen. Eltern ahnen gar nicht, wie viel Respekt sie sich dadurch verschaffen.

Natürlich kommt es in jeder Familie vor, dass Eltern die Nerven verlieren. Dann tut es allen gut, wenn Vater oder Mutter selbstkritisch zugeben: »Es tut mir Leid, ich konnte in dem Moment einfach nicht anders.« Natürlich gelingt es den wenigsten Eltern, sich bilderbuchgerecht zu verhalten. Immer wieder machen sie die Fehler, die sie so gern vermeiden würden. Und das ist ganz normal, denn Mütter und Väter sind auch nur Menschen. So wird es ihnen nicht immer gelingen, konsequent bei der Linie zu bleiben, für die sie sich entschieden haben. Eltern sind nicht perfekt und müssen es auch nicht sein. Im Gegenteil. Kommen sie auch mal ins Trudeln, kann das für Kinder sehr tröstlich sein: »Zum Glück sind sie nicht perfekt in allem. Oft sind sie hilflos – genau wie ich!«

Grenzen setzen – aber wie?

Kindern die absolut richtigen Grenzen zu setzen, und das im idealen Moment und passenden Ton: bestimmt und doch freundlich, das glückt sogar den erfahrensten Eltern nicht immer. Macht nichts, denn Mütter und Väter müssen nicht unfehlbar sein. Viel wichtiger ist, dass sie im Gespräch bleiben, versuchen, ihren Nachwuchs von ihrer Meinung zu überzeugen und erklären, warum bestimmte Grenzen sein müssen.

Schwierige Fälle neu anpacken

Am häufigsten scheitern Eltern an jenen scheinbar hoffnungslos eingefahrenen, aber um so explosiveren Alltagskonflikten, die bereits zum festen Repertoire des Familienlebens gehören: den Dramen bei Tisch, beim Zubettgehen oder Aufstehen, bei den Hausaufgaben, im Supermarkt. »Alles« haben die Eltern schon probiert – »vernünftig« reden, schimpfen, bitten, drohen, verbieten –, aber nichts hat genutzt. Das Kind hat längst seine Ohren auf Durchzug gestellt. Die Eltern mögen weiter lautstark zur Ordnung rufen – eigentlich glauben sie selbst nicht mehr daran, das Geringste verändern zu können. Ihr Kind spürt das, und Chaos breitet sich aus.

Ein Kind hat enorm viel davon, nicht wohlerzogen, brav und gehorsam zu sein. Nur wenn es die Eltern reizt und sich auch mal richtig schlecht benimmt, erlebt es, was es kann und wie die Erwachsenen auf sein Verhalten reagieren. Es erfährt also, wo es steht, lernt die Reaktionen anderer vorauszusehen und sein eigenes Verhalten einzuordnen – um es daraufhin vielleicht zu verändern. Aber nur wenn es spürt: »Halt, damit komme ich nicht mehr weiter!«

Vom Standpunkt des Kindes aus ist es also überaus wichtig, verschiedene, auch »unerwünschte« Verhaltensweisen zu erproben, um sich und seine Umwelt kennen zu lernen. Und wenn Eltern zunächst einmal akzeptieren, dass Nichtbravsein und Nichtgehorchen völlig normal, ja sogar positiv sind, weil das Kind hinterfragt, weil es den Mut hat, Erwachsenen die Stirn zu bieten, entkrampft sich die Situation.

Es fällt dann auch leichter, auf sinnlose Vorwürfe und Anschuldigungen zu verzichten. Sehr oft verzerren die Deutungen von Eltern das Problem; in ihrem Zorn sehen sie die »Missetaten« ihres Kindes oft als reine Bosheit an, nur dazu angetan, sie zu verärgern. Also gilt es, die Konflikte mit neuen Augen zu betrachten – um sie anders anzupacken.

Der erste Schritt: Distanz gewinnen

Wenn sich der Sohn oder die Tochter nicht an Vereinbarungen hält – zum Beispiel nicht daran denkt für die Schule zu lernen, wie versprochen – dann hilft es wenig, gleich einen Streit zu beginnen. Oft hilfreicher: Die Situation mit Abstand anschauen. Es kann Wunder wirken, wenn Eltern sich in ihr Kind hineinversetzen: Auf einmal wird ihnen klar, was es im Sinn hat. Das heißt allerdings nicht, dass Vater oder Mutter ihr Kind in einer Art Verhör ausquetschen – denn auf ein bohrendes »Warum?« oder eine Frage wie: »Was hast du dir nur dabei gedacht?« wissen Kinder keine Antwort. Sie fühlen sich bloß in die Enge getrieben und völlig überfordert. Eltern sollten ...

- auch in sich selbst hineinhorchen und überlegen: »Wie gut kenne ich mein Kind? Was geht in ihm vor? Was ist ihm wichtig, und was bewegt oder beunruhigt es gerade am meisten?« Selbst wenn sein störendes Verhalten dem anderer Kinder ähnelt, so können doch ganz individuelle Gründe dahinter stecken. Die Individualität des Kindes zu respektieren ist ein wichtiger Schlüssel zu seinem Verhalten.
- eine Antwort auf die Frage suchen: »Was hat mein Kind davon, in dieser bestimmten Situation zu provozieren, nicht zu gehorchen oder gegen Regeln und Abmachungen zu verstoßen – also Vereinbarungen zu verletzen? Was will es überhaupt?« Bevor ein Problem gelöst werden kann, gilt es zu erkennen: Was steckt dahinter, wenn sich der Sohn oder die Tochter nicht an Vereinbarungen hält? Worum geht es jedem Beteiligten?
- nicht jede Attacke persönlich nehmen. Kinder und Jugendliche missachten verabredete Spielregeln, weil sie sich nicht daran halten möchten und nicht etwa, weil sie Mutter und Vater ärgern wollen.
- ihren eigenen Ärger erforschen: Warum sind wir über das Verhalten unseres Kindes so empört? Was stört uns besonders? Und welche Rolle spielt unsere eigene Erziehung? Die Abhängigkeit von Vorstellungen aus der eigenen Kindheit – »Das tut man nicht«, »Das gehört sich so« – oder das kritische Urteil von Freunden und Verwandten verstellen oft den Blick auf die Frage: »Was will ich selbst, was für mich und für mein Kind?«
- sich unterschiedliche Ansichten zugestehen. Nicht immer haben Väter und Mütter die gleichen Vorstellungen davon, wie sich Kinder verhalten sollen und wie man sie dazu bringt. Mutter und Vater sind schließlich zwei unterschiedlich erzogene und geformte Individuen – warum

sollten sie also immer einer Meinung sein? Ein Kind kommt gut damit zurecht, dass der Vater viele Dinge ganz anders beurteilt und macht als die Mutter, dass es bei ihm eher dies darf, bei ihr dafür jenes. Entscheidend ist nur, dass Eltern die Erziehungsvorstellungen des anderen nicht abwerten, sondern respektieren, dass sie sich nicht von den Kindern gegeneinander ausspielen lassen und dass sie auf jeden Fall an einem Strang ziehen, wenn – nach ausgiebigen Gesprächen – bestimmte Regeln vereinbart worden sind. Sonst werden die Kinder immer wieder versuchen, die Grenzen zu unterlaufen.

Gelingt es nicht, sich auf eine Linie zu einigen, dann sollten Eltern eindeutige Zuständigkeiten verabreden – zum Beispiel: Für alles, was mit Schule zu tun hat, ist der Vater zuständig, für alles, was mit Freizeit und Hobby zu tun hat, die Mutter. Damit ist dem Kind ein klarer Orientierungsrahmen gegeben und es weiß, an wen es sich mit seinen entsprechenden Fragen zu wenden hat.

Nicht zuletzt sollten Eltern möglichst darauf verzichten, ihre gegensätzlichen Erziehungsvorstellungen vor ihren Sprösslingen zu diskutieren. Es verwirrt und beunruhigt Kinder bloß, wenn sie erleben: Unseretwegen überhäufen sich die Eltern mit Vorwürfen.

Der zweite Schritt: Im Gespräch bleiben

Häufen sich die Konflikte, eine ruhige Stunde abwarten, wenn alle Beteiligten wirklich Zeit füreinander haben, um dann mit dem Kind zu reden. Besonders wichtig ist, dass die Eltern (oder auch nur ein Elternteil) ...

- von sich sprechen, von ihrem persönlichen Anliegen und ihrem eigenen Standpunkt: »So geht es mir dabei ...«, »Ich möchte etwas ändern ...«, »Mich stört ...« Hohle Allgemeinplätze wie »Wir haben dir doch schon hundertmal gesagt ...« treiben ein Kind bloß in die Defensive. Auch ist es sinnlos, automatisch Wohlverhalten zu erwarten – das Kind muss genau wissen, was die Eltern von ihm wollen und warum sie was wollen. Sprechen Eltern von ihren Gefühlen, sollten sie ihre Äußerungen aber nicht als Druckmittel einsetzen. Deshalb sind solche Sätze, die Schuldgefühle auslösen könnten, zu vermeiden: »Du machst mich schrecklich traurig, wenn du immer zu spät kommst!«; »Ich bin gründlich von dir enttäuscht. Nie hätte ich gedacht, dass du so unzuverlässig bist!«. Wer Kindern Schuldgefühle macht und sie damit unter Druck setzt, verschärft damit vorhandene Konflikte eher als zur Entspannung beizutragen.

➤ auch dem Kind die Chance geben, über sich zu reden, ohne dass es kritisiert oder verbessert wird. Andernfalls gerät es unter Rechtfertigungsdruck, flüchtet sich in Ausreden oder reagiert mit Trotz und Schweigen. Da Eltern vermutlich schon ahnen, was ihr Kind bewegt, können sie ihm jedoch auf die Sprünge helfen: »Kann es sein, dass du ...?« Oder: »Vielleicht geht es dir darum ...« Tippen die Erwachsenen richtig, fühlt sich das Kind auf einmal rundherum verstanden und ist dann meist aufgeschlossen und mitteilsam. Und noch etwas: Selbst wenn es die wahren Gründe für sein Verhalten nicht weiß und nicht nennen kann, erfahren Eltern gerade aufgrund der ungereimten Aussagen sehr viel über ihr Kind.

➤ gemeinsam mit dem Kind überlegen: »Was können wir tun, damit sich die Situation verändert? Was schlägst du vor?« Die Eltern haben zwar das letzte Wort, doch warum sollen Kinder, etwa ab dem Schulalter, nicht auch an der Lösung des Problems mitwirken? Dann sind sie am ehesten bereit, Abmachungen einzuhalten, denn sie haben die aufbauende Erfahrung gemacht: »Was ich vorschlage, zählt auch.« Entscheidend ist: Die Regeln müssen stimmen. Sie sollten überschaubar, realistisch und durchführbar sein und zudem der speziellen Familiensituation entsprechen. Kinder sind nur in der Lage, Bestimmungen zu respektieren und sich auf Regeln einzulassen, wenn sie zum Familienalltag und zu ihrem Erfahrungsbereich zählen.

Vor allem in Beziehungen üben Kinder, Grenzen zu testen – und einzuhalten. Wobei sich in einer Familie natürlich nur etwas ändert, wenn die beschlossenen Abmachungen von den Eltern in eindeutiger Weise getragen werden: Ist vereinbart, dass das Kind abends um acht ins Bett geht und dann noch eine halbe Stunde in seinem Zimmer spielen darf, ist diese Regel nicht vage und unverbindlich, sondern verpflichtend. Sonst bleibt alles beim Alten. Das bedeutet: Zur Regel gehören auch die Folgen, wenn die Abmachung nicht eingehalten wird.

Der dritte Schritt: Konsequent sein

Unbedingt konsequent bleiben, wenn die Kinder trotz fester Vereinbarungen die Regeln immer wieder verletzen oder Sonderwünsche erbetteln. Auf den Abmachungen und den Folgen bei Nichteinhaltung bestehen. Sicher, viele Regeln erweisen sich in der Praxis als änderungsbedürftig. Doch es empfiehlt sich, sie erst einmal einige Wochen zu erproben. Eltern, die sofort weich werden und sich »rumkriegen« lassen, werden nicht ernst genommen. Möglichst konsequent bleiben, das sagt sich so leicht. Eltern sind aber nicht perfekt. Gelingt es ihnen heute, bei ihrer Linie zu bleiben, gelingt es ihnen morgen noch lange nicht – vielleicht, weil sie zu erschöpft sind, um genau nach Programm zu reagieren oder einfach nur schlechter Stimmung. Die meisten Mütter und Väter sind keine von A bis Z perfekten Eltern und wollen es auch gar nicht sein. So wie sie sind, mit ihren kleinen Fehlern und Mängeln, sind sie ihren Kindern lieber, denn so macht es sie einfach menschlicher. Perfektionisten schüchtern ein Kind dagegen mit ihrem Vollkommenheitsanspruch leicht ein nach dem Motto: »Sie stehen weit über mir. Das, was sie verkörpern, das kann ich nie erreichen!« Geraten Eltern im Umgang mit ihrem Kind ins Trudeln, sagen sie heute »hü« und morgen »hott«, sollten sie kurz und klar ansprechen, warum sie ins Wanken geraten sind, damit sich der Nachwuchs wieder orientieren kann. Zwei Beispiele, wie sie sich korrigieren könnten:

- »Heute erlaube ich dir, was ich gestern ohne Grund verboten habe – tut mir Leid, aber gestern war ich einfach schlecht drauf und war deshalb unnötig streng. Das ist mir klar geworden, als ich noch einmal in Ruhe über mein gestriges Verhalten nachgedacht habe!«

  Oder:

- »Gestern war ich schrecklich in Eile, deshalb habe ich einfach schnell Ja gesagt, als du mich fragtest, ob du ins Kino gehen könntest. Ich wollte eine Auseinandersetzung vermeiden. Aber das war nicht in Ordnung, dir gestern den Kinobesuch zu erlauben, denn unsere Abmachung ist, dass du erst deine Hausaufgaben erledigt haben solltest, bevor du abschwirrst. Und gestern hattest du noch keinen Strich für die Schule getan, als du gingst. So geht's nicht!«

Neue Regeln funktionieren nicht auf Anhieb; es braucht Zeit, bis sie eingespielt sind. Kinder lernen durch Versuch und Irrtum, durch Experimente und Fehler – viele Fehler! –, bis sie kapieren: Auf Dauer bringt es mehr, die Grenze zu respektieren, als sie zu missachten. Folgende Punkte helfen Eltern dabei:

- Mit konsequenten Maßnahmen reagieren, wenn das Kind die vereinbarten Abmachungen nicht einhält. Diese Maßnahmen sollten sich möglichst schlüssig und einleuchtend aus der Situation ergeben: Das Kind, das die Wand bekritzelt, darf erst spielen, wenn es die Bemalungen entfernt hat. Das ist keine willkürliche Strafe, das ist die logische Antwort auf seine »Missetat«. Sie zeigt ihm, wie weit es gehen darf. Am besten ist es, die Folgen bei Nichteinhaltung zur gleichen Zeit wie die Regeln zu vereinbaren: Das Kind muss wissen, welche Konsequenzen sein Verhalten hat. Dann wird es abends doch ganz schnell in sein Bett flitzen, damit das Vorlesen nicht entfällt. Und sich morgens mehr beeilen, da die Eltern aufgehört haben, es in die Schule zu fahren, wenn es schon wieder zu spät dran ist.
  Sehr wichtig: Solange nur die Eltern mit einem bestimmten Verhalten ihres Kindes ein Problem haben, ändert sich gar nichts. Dem Kind muss klar werden: »Das ist zwar in erster Linie ihr Problem, aber auch meines.« Und irgendwann entdecken sie, dass das Zusammenleben viel schöner ist, wenn man sich an vereinbarte Regeln hält.
- Das Loben nicht vergessen! Selbst kleinste Bemühungen in die richtige Richtung verdienen Anerkennung. Im Übrigen sind Ermunterung, Beachtung und eine liebevolle Familienatmosphäre auf Dauer viel effektiver als Schimpfen und Strafen.
  Aber Vorsicht: Auch Loben will gelernt sein, und es wirkt nur, wenn die Eltern es ehrlich meinen. Wird das Kind mit lobenden Worten regelrecht überschüttet oder aber ist das Lob nur so dahingesagt, spürt es das fehlende Interesse sofort. Bei nächster Gelegenheit nervt es die Eltern mehr denn je – so ist ihm ihre volle Aufmerksamkeit sicher.

Wenn Kinder keine Grenzen erfahren

Wird ein Kind nur nach Strich und Faden verwöhnt, wächst es wahrscheinlich zu einem unausstehlichen Quälgeist heran, der bei jeder Gelegenheit versucht, seinen Kopf durchzusetzen – nach lange eingeübtem, gewohntem Muster. Ein Nein ist ihm fremd und wird deshalb auch nicht hingenommen. Immer im Mittelpunkt stehend und nur mit sich selbst und den eigenen Bedürfnissen beschäftigt, bringt es kein Interesse für andere Menschen und deren Belange auf. Wer jede Lust befriedigt und jeden Wunsch erfüllt bekommt, lernt nicht, Frust zu ertragen.

Auseinandersetzungen müssen sein

Wenn es keine Grenzen gibt, die man infrage stellen und übertreten könnte, finden zu Hause auch entsprechende Reibereien nicht statt.

Das Ergebnis: Eltern und Nachwuchs leben brav nebeneinander her.

Keine Chance für das Kind, sich in Kämpfen zu üben, um dann mit der Zeit klüger zu werden und zu erkennen, dass solche Scharmützel nichts bringen, um mit wachsender Vernunft zu kapieren, dass dieser Spaß auch mal ein Ende haben muss. Das hat auf Dauer zur Folge, dass wichtige Lebenserfahrungen und Erfolgserlebnisse unterbleiben.

Doch nicht jedes Kind, das keine Grenzen erfährt, entwickelt sich zu einem Ansprüche stellenden, ewig fordernden Wesen. So manches Kind zieht sich in dieser Situation still und leise zurück und puppt sich ein. Es gibt sich also selbst den Orientierungsrahmen, den ihm seine Eltern vorenthalten, und fühlt sich dadurch nicht ganz so grenzenlos verloren und einsam in einer Umwelt, die ihm keiner erklärt.

Provokationen: oft ein Hilfeschrei

Erfahren Kinder keine Grenzen, ergeben sich daraus häufig die Verhaltensprobleme, die Eltern fürchten: Lustlos verbringen die Kinder ihre Tage, tyrannisieren ihre Umwelt mit Launen, benehmen sich so respektlos, dass sie überall anecken. Die Provokationen des Kindes sind ein Hilfeschrei, der heißt: »Lasst euch doch nicht von mir auf der Nase herumtanzen. Zeigt mir, dass ihr mich versteht. Dass ihr nicht sofort die Waffen streckt, wenn ich euch attackiere. Dass ihr stark und klug seid – so stark und klug, dass ich mich bei euch sicher und angenommen fühlen kann und keine Angst mehr haben muss! Nehmt mir das Gefühl, einsam und allein auf weiter Flur zu sein!«

Je seltener Eltern Zeit für ihr Kind haben, je weniger sie an ihm interessiert sind, desto vehementer versuchen die meisten Kinder ihre Aufmerksamkeit zu erreichen. Nicht selten reihen sie eine Provokation an die andere immer mit dem Ziel: Hallo, hier bin ich! Nehmt mich wahr! Nehmt mich ernst! Werft ihr endlich ein Auge auf mich, wenn ich Blödsinn mache? (Leider nehmen manche Eltern ihr Kind erst wahr, wenn es sich zum Störenfried mausert!)

Mangelt es an Halt und fruchtbaren Auseinandersetzungen, fühlt sich ein Kind schnell überfordert. Ein Sechs-, Acht- oder Zehnjähriges kann nichts damit anfangen, wenn ihm alle Freiheit der Welt gelassen wird und sich niemand über seine Unverschämtheiten und Frechheiten erregt, wenn keiner Stellung bezieht und keiner verbindliche Antworten gibt.

Die wichtigsten Punkte beim Grenzensetzen

Ein warmes, sehr offenes und liebevolles Familienklima ist eine der wichtigsten Voraussetzungen, damit Grenzen greifen: Wenn Kinder spüren, dass sie geliebt und anerkannt werden, sind sie am ehesten bereit, Regeln zu akzeptieren.

Nur wenn Eltern von dem, was sie fordern, überzeugt sind und ganz und gar dahinter stehen, sind sie glaubwürdig. Erst dann sind sie bereit, für die Durchsetzung von Regeln zu kämpfen. Bevor Eltern eine Grenze setzen, sollten sie sich also überlegen, wie wichtig ihnen das Verbot ist.

In der Beschränkung liegt die Wirkung

Werden reichlich viele Verhaltensregeln und Maßnahmen nach dem Muster »Lass das, weil es zu gefährlich ist!« und »Tu jenes, weil das gut für dich ist!« verkündet, verliert das einzelne Ge- oder Verbot seine Wirkung. Denn ist ein Kind umstellt von lauter Stopps und Halts, bekommt es ununterbrochen zu hören »Das geht nicht!« und »Das kannst du doch nicht machen!« und »So und nicht anders musst du dies und das machen!«, ist sein Spielraum also durch hundert Regeln stark eingegrenzt, dann macht es irgendwann dicht nach dem Motto: Ich bekomme ja nur noch »du darfst nicht!« und »du sollst!« zu hören. Solche Dauerermahnungen sind langweilig. Dazu kommt: Keiner lässt sich seine Freiheit gerne nehmen. Selbst Kleinkinder reagieren schon frustriert, wenn sie immer gebremst werden, immer an Regeln und Vereinbarungen erinnert werden und permanent gehorchen sollen.

Die Folge einer Berieselung mit lauter Neins: Lamentieren die Eltern mal wieder, schaltet ihr Sprössling sofort auf Durchzug – zum einen Ohr rein, zum anderen Ohr raus. Ich höre einfach nicht mehr zu, heißt seine Devise. Selbst wenn sich die Erwachsenen bemühen, ruhig und sachlich und ganz vernünftig mit ihrem Kind zu sprechen, ihm zu erklären, warum sie hier oder da ein Nein sagen müssen, werden sie schließlich nicht mehr erhört, wenn sie die Geduld ihres Kindes, seinen guten Willen und seine Bereitschaft, den Erwachsenen zuzuhören, überstrapazieren. Damit ist die Chance, ihr Kind mit ihren Mahnungen zu erreichen, längst verspielt. Gehen Eltern dagegen sparsam mit Verboten und Geboten um, dann ist die Wahrscheinlichkeit größer, dass ihre einzelnen Maßgaben Beachtung finden. Deshalb:

- Nur wenige, gezielte Regeln aufstellen, denn so hat jede Regel Gewicht. Und nur so werden sich alle in der Familie damit wohl fühlen. Eine Inflation an Verboten verwirrt, engt ein und ist zudem wirkungslos.
- Flexibel bleiben: Die Gültigkeit von Grenzen und Regeln immer wieder überprüfen. Einschränkungen, die an einem Tag noch gelten, sind vielleicht ein paar Monate später schon überholt. Also nicht an eingefahrenen Ansichten kleben, gegebenenfalls die Sichtweise verändern.
- Den Sinn von Grenzen nicht vergessen. Sie sollen zwar beachtet werden, aber sie sind auch da, damit Kinder sie testen und überschreiten. Denn Kinder müssen erfahren, wie weit sie gehen können und ob die Eltern zu ihren Forderungen stehen. Kinder müssen auch üben, gesunden Widerstand zu leisten.
- Für sich klären, was man bereit ist, für die Kinder zu tun und was nicht. Denn es ist immer leichter, die eigenen Verhaltensweisen zu steuern – und damit Dinge zu verändern – als die anderer.
- Immer den Grund für das (unerwünschte) Verhalten des Kindes erkunden – denn hinter jeder Handlung steckt eine Motivation, ein Bedürfnis, ein Ziel, ein Konflikt. Um also

Kontroversen aufzulösen, ist es wichtig, nicht nur das sichtbare Benehmen eines Kindes anzugehen, sondern auch, sich in das Kind hineinzuversetzen.

- Die eigenen Handlungen begründen, damit die Kinder verstehen, warum die Eltern bestimmte Grenzen setzen. Zwei Beispiele: »Vor dem Gute-Nacht-Sagen werden die Zähne noch einmal gründlich geputzt, um die letzten Krümel aus den Ecken und Ritzen zu bürsten. Bleiben Speisereste an den Zähnen kleben, siedeln sich an diesen Stellen Bakterien an, die die Zähne zerstören. Um das zu verhindern, muss man die Speisereste gründlich entfernen!«
  »Abends sollten wir dein Zimmer aufräumen, deine Spielsachen in verschiedene Kisten und Kästen ordnen. Denn wenn alles seine Ordnung hat, findest du deine Sachen schnell, wenn du am nächsten Tag wieder spielen magst. Und wenn wir zusammen aufräumen, sind wir fix mit der Aufräumerei fertig!«

Bitte nicht die Erwartungen, die man an ein Kind hat, deutlich wie eine Fahne vor sich hertragen. Die meisten Kinder reagieren genervt auf die Erwartungen ihrer Eltern – vor allem, wenn Mutter und Vater ein ganzes Bündel davon mit sich herumtragen. Sie fühlen sich dann schnell unter Druck gesetzt durch die festen Vorstellungen der Erwachsenen und haben dann wenig Lust, sie zu erfüllen.
Stattdessen:

- Versuchen, ein Vorbild zu sein, an dem Kinder sich orientieren können. Denn wenn Eltern Verhaltensweisen fordern, die sie selbst nicht einhalten, werden sie wenig erreichen.
- Dazu stehen, dass Eltern ein Recht auf Ruhe, eigene Zeit, Rücksichtnahme und höfliche Behandlung haben.

Humor: ein Zaubermittel

Zu guter Letzt, auch wenn es noch so schlimm kommt – vergessen Sie den Humor und das Lachen nicht. Die meisten Konflikte haben auch ihre komische Seite. Leider mag sich der Humor nicht immer auf Knopfdruck einstellen. Gerade wenn man ihn besonders gut gebrauchen könnte, ist davon leider wenig oder nichts zu spüren. Dabei sind Humor und Gelassenheit die beste Vorbeugung gegen Familienkonflikte und auch Heilmittel. Wer darüber verfügt, kann über die kleineren Probleme des Alltags zum Nutzen der ganzen Familie mit Leichtigkeit hinweggehen.

Konsequent sein: 21 Beispiele

Je nach Alter, Entwicklungsstand und Temperament ihres Kindes müssen Eltern immer wieder entscheiden: Wo setzen wir Grenzen? Was können wir von unserem Kind verlangen? Welche Erwartungen sind realistisch? 21 Alltagsgeschichten verdeutlichen, womit Eltern und Kinder zu kämpfen haben und wie sie lernen, Grenzen zu ziehen und die gefährlichen Klippen täglicher Machtkämpfe zu umschiffen und ihren Kindern trotzdem viele Freiheiten zu lassen.

Wenn die Kleinsten kratzen, beißen und losschlagen

Da gibt es niedliche Zweijährige, die friedlich im Sandkasten buddeln und plötzlich, ohne ersichtlichen Grund, dem nächstbesten Kind die Schaufel auf den Kopf knallen. Oder ein anderes Kind einfach auf den Boden werfen und kurz darauf kräftig an den Haaren ziehen. Warum bloß? Die Eltern fallen aus allen Wolken; die Sache ist ihnen peinlich und etwas unheimlich.

Manchmal schauen die Eltern einfach weg, wenn ihr kleiner Liebling einem anderen Kind das Spielzeug unsanft aus der Hand reißt – soll es sich doch wehren. Aber meistens springen sie vorbei, reden auf den Raufbold ein und erklären ihm, wie schlimm er sich benimmt. Indes – die elterlichen Argumente, ihre Bestürzung und ihr Zorn bewirken rein gar nichts. Im Gegenteil – normalerweise spornt die Aufregung das Kind sogar noch zusätzlich an.

Was ist los mit diesen kampflustigen Knirpsen?

Oftmals treibt sie nichts als Neugier und Experimentierlust an. Sie sind weder »böse« noch übermäßig aggressiv, sondern meist völlig normale Kleinkinder, die alles ausprobieren. So wie sie ihre Umgebung erkunden, die Schubladen ausräumen oder die Blätter von der Zimmerpflanze abrupfen, so erforschen sie, wozu ihre Hände, Füße oder Zähne noch alles taugen. Sie entdecken auf einmal: Man kann damit auch fabelhaft kneifen, treten und beißen. Gleichzeitig erkunden sie dabei die Reaktionen der großen und kleinen Menschen um sie herum: Was bewirkt mein Verhalten? Was passiert, wenn ich auf ein anderes Kind losgehe, weil ich Lust dazu habe? – Dann gibt es großen Wirbel: Das Opfer heult, die Erwachsenen regen sich auf und bekommen rote Köpfe – was will das Kind mehr? Es zieht die Aufmerksamkeit aller auf sich. Da ist was los, das ist spannend, also weiter so.

Was tun?

- Eingreifen, aber möglichst ruhig. Selbst wenn das Kleinkind nur experimentiert, ist es wichtig, eine Grenze zu setzen, damit dieses Verhalten nicht zur Gewohnheit wird. Der Erwachsene muss prompt und immer wieder signalisieren: »Stopp, auf andere losgehen ist unerwünscht.« Kurz und knapp erklären, warum Kloppereien von Übel sind: »Du tust dem anderen weh!« Denn Zwei- und auch Dreijährige sind noch nicht in der Lage, ihre Konflikte untereinander allein auszumachen.

- Souveränität und stoische Ruhe sind besonders wirksam. Maßnahmen wie gutes Zureden (»Das Kind hat dir doch nichts getan, also seid lieb und vertragt euch«), Drohungen (»Hör sofort auf, sonst gehen wir nie wieder auf den Spielplatz«) oder Klapse bewirken wenig. Klapse sind kein taugliches Erziehungsmittel. Wird ein Kind geschlagen, fühlt es sich gedemütigt, in seiner Würde verletzt. Diese Verletzung kann lange wehtun. Noch Jahrzehnte später erinnert sich mancher mit unguten Gefühlen an einen Klaps, den er eingesteckt hat.
- Am besten hilft, ein kleines Kind gleich abzulenken, wenn die Situation brenzlig wird. Oder, wenn es dafür zu spät ist, den »Angreifer«, ohne zu schimpfen, an die Hand zu nehmen und vom »Kampfplatz« zu holen – also die Situation zu unterbrechen. Das Kind bleibt dann einige Minuten bei den Erwachsenen, bis es wieder zu den anderen darf. Dabei genügt es, ruhig und bestimmt zu sagen: »Ich möchte nicht, dass du andere haust. Geh freundlich mit anderen Kindern um. Sie tun dir nichts, sind doch auch freundlich zu dir!«
  Wichtig: Konsequent bleiben, durchhalten. Es kann zwei, drei Wochen dauern, bis sich die Angriffslust gibt.
- Das Kind eventuell eine Zeit lang mit etwas älteren Kindern zusammenbringen. Diese leben beziehungsweise spielen ihm vor, wie man auch ohne ständige Handgreiflichkeiten auskommen kann, und flößen dem kleinen Rabauken außerdem Respekt ein.
- In jedem Fall darauf achten, ob das Kind wirklich nur von Abenteuerlust getrieben wird oder ob es nicht doch die Eltern »wachrütteln« will: aus Eifersucht auf das kleinere

Geschwisterchen, weil Vater und Mutter sich häufig streiten oder einfach nur als Reaktion auf die Hilflosigkeit seiner überforderten Eltern. Dann braucht das Kind zum einen die oben erläuterten Grenzen, zum anderen intensive Zuwendung.

Rituale wirken oft Wunder

Es wäre gut, dem Kind eine bestimmte Zeit am Tag einzuräumen, in der Mutter oder Vater sich eingehend mit ihm beschäftigen – einen Zeitraum, auf den es sich freuen kann, weil er regelmäßig eingehalten wird. Das gibt dem Kind Sicherheit und das Gefühl, für seine Eltern »wichtig« zu sein. Ein regelmäßiger Tageslauf mit vielen Fixpunkten, mit festen Gewohnheiten, auf die Verlass ist, gibt einem kleinen Kind Halt – eine klare Orientierung in dem Meer der Möglichkeiten, die ein Tag zu bieten hat. Viele Regeln, die Eltern versuchen, in zähen Auseinandersetzungen mit ihrer Brut durchzusetzen, lassen sich durch Rituale ersetzen. Einige Beispiele:

- Eine Morgen-Zeremonie, die einen Trödler im Kindergartenalter ohne große Ermahnungen auf die Beine bringt: Dem Kind die Schuhe anziehen. Den Schuhen Namen geben. Der linke Schuh heißt Hans, der rechte Fritz. Beim Schuheanziehen mit Fritz und Hans reden. Oder eine Geschichte über sie erzählen. Damit aber erst starten, wenn alles andere erledigt ist: Wenn der Anorak angezogen ist und die Brottasche schon um den Hals hängt.
- Die Erklärung »Abends um acht Uhr ist Schluss, dann geht's ab ins Bett!« wird durch ein Gute-Nacht-Ritual ersetzt – ein Ritual, das immer zur gleichen Zeit, immer am gleichen Ort statt findet: Abends um acht Uhr sitzt Mutter oder Vater an der Bettkante, liest erst eine Geschichte vor, singt dann ein Gute-Nacht-Lied.

Kein Drama aus den Mahlzeiten machen!

➤ Die Mutter weiß schon, was kommt. Dennoch sagt sie das, was mit absoluter Sicherheit sofort einen Riesenspektakel auslöst: »Nein! Den Pudding gibt es jetzt auf keinen Fall. Den gibt es nach den Kartoffeln und nicht vorher!« Und schon geschieht, was sie befürchtet hat: Der Zweijährige holt tief Luft, schreit nach Kräften, trommelt mit den Fäusten auf den Tisch, fegt den Teller zur Seite und kreischt: »Ich will aber!«

➤ Die Schüsseln mit den Kartoffeln, den Möhren und dem Ragout stehen dampfend auf dem Tisch. Der dreijährige Sven mag weder von den Kartoffeln, noch von den Möhren, noch von dem Ragout nehmen. Er zetert: »Mag ich nicht!« Seine Mutter geht nicht darauf ein.

Je temperamentvoller das Zwei- oder Dreijährige, desto intensiver der Wutanfall. Klar, dass einem zornigen Wüterich jetzt nicht nach langen Erklärungen zumute ist.

Was tun?

➤ Trösten. Aber nicht jeder Dickkopf mag jetzt gleich getröstet werden. Mancher will sich in Ruhe austoben und sich erst ein Weilchen später in den Arm nehmen lassen in der Gewissheit: »Auch wenn ich noch so bockig bin, haben mich meine Eltern lieb.«

➤ Sich in innerer Gelassenheit üben, also nicht anstecken lassen von der Wut, sondern unhörbar vor sich hin murmeln: »Nicht über die Puddinggeschichte aufregen. Bloß nicht schwach werden. Dieses Gezeter geht vorüber!« Die Wutanfälle lassen in der Regel nach, wenn das Kind in

Mit dem Kopf durch die Wand – eine Kraftübung
»Ich will« – zwei magische Wörter für kleine Leute. Zwischen dem zweiten und dritten Geburtstag entdeckt ein Kind, dass es eigene Bedürfnisse hat und alle Kraft der Welt, um diese Wünsche auch durchzusetzen. Mit Geschrei. Mit Quengeleien. Mit einem deutlichen, laut gesagten »Nein!«. Und mit Wagemut.
Mancher Dreikäsehoch probiert nachdrücklich aus, ob die Grenzen, die ihm seine Eltern setzen, auch wirklich gelten und schmeißt die Wurstscheibe, die er nicht essen mag, einfach zu Boden oder rennt weg, wenn es heißt: »Hier geblieben!« Lassen die Eltern diese Aktionen durchgehen, dann bedeutet das für ihr Kind: Nicht ernst gemeint! Stoppen sie, heißen die bitteren ersten Erfahrungen: Die Kraft reicht doch nicht, denn es tauchen Grenzen auf. Kein Wunder, dass es zornig macht, an diesen Grenzen zu scheitern.

seiner Entwicklung einen Schritt weiter ist; wenn es selbstständiger und einsichtiger geworden ist und die Eltern nicht länger für alles und jedes braucht; wenn es im Kindergarten häufiger seine eigenen Wege geht, also mehr eigene Entscheidungen fällen kann.

- Den eigenen Frust sehen und drei tiefe Atemzüge machen, um ihn loszulassen. Nicht zu intensiv um das Kind und seine gesunde Ernährung bangen.
- Kurz und bündig erklären, warum die Puddingregel ihren Sinn hat: »Dein Körper braucht Gemüse, um sich gut zu entwickeln. Wenn du ein paar Happen Kartoffeln oder Gemüse isst, gibt's hinterher den Pudding. Wenn du kein Gemüse und keine Kartoffeln isst, gibt's auch keinen Nachtisch. Denn nur Süßes zu essen, das ist nicht gut für deinen Körper!«

- Nicht dauernd über das Thema »Essen« reden. Dem Kind weit gehend selbst überlassen, was es essen mag und was nicht. Sich auf ein paar wesentliche Regeln beschränken. Denn je mehr Gebote in der Familie gelten, desto häufiger wird das Kind die einzelnen Abmachungen infrage stellen, weil es sich eingeengt fühlt.
- Nicht bei heftigen Wutanfällen, aber bei kleineren Scharmützeln wirkt Ablenkung oft Wunder. So lässt sich mancher »Puddingkonflikt« dadurch umschiffen, dass man schnell das Thema wechselt, beispielsweise gemeinsam den Nachmittag plant, Fragen stellt oder eine spannende Geschichte erzählt: »Wir waren schon lange nicht mehr im Schwimmbad! Wollen wir demnächst mal wieder zum Baden gehen?« Oder: »Gestern habe ich ein großes Aquarium gesehen mit rosa gestreiften Fischen, die ihre Jungen im Maul tragen, wenn sie umherschwimmen!«
- Oder die Situation einfach verändern: Das Kind auf den Arm nehmen und den Ort des Geschehens verlassen. Damit ist erst einmal ein Schlussstrich gezogen, der Konflikt vorläufig beendet.

Ein Albtraum: Mitten im Supermarkt das größte Affentheater

- Der Dreijährige steht im Supermarkt vor dem Regal mit den Süßigkeiten – eine verlockende Pracht. Der Knirps grapscht prompt nach einem Schokoriegel. Seine Mutter hat nichts im Sinn mit dieser Extraration Schokolade. Sie nimmt ihrem Sohn den Riegel wieder aus der Hand und legt ihn zurück ins Regal. Ihr Filius hält diesen Eingriff für eine Zumutung und zeigt seine Empörung überdeutlich: Er denkt gar nicht daran, dieses Nein klaglos hinzunehmen. Dass er im Supermarkt nicht einfach Süßigkeiten aus dem Regal holen und in den Einkaufswagen packen darf, weiß der Dreijährige. Das hat ihm seine Mutter schon häufiger erklärt. Er weiß aber auch, dass man solche Gebote überprüfen kann. Wütend wie Rumpelstilzchen hüpft er nun durch den Supermarkt, lässt sich weder durch gute Worte noch durch ein energisches Nein stoppen. Im Gegenteil. Er steigert sich in seinen Zorn hinein, brüllt wie am Spieß: »Ich will aber!« und schlägt wüst um sich. Gutes Zureden hilft nicht weiter, der Kleine findet aus seinem Wutanfall allein nicht mehr heraus.

Was hilft?

- Abstand gewinnen. In Gedanken einen Meter neben die Szene treten und aus der Distanz betrachten, was sich hier eigentlich im Augenblick abspielt. Diese Atempause hilft, mehr Gelassenheit zu entwickeln und klarer zu sehen. Zum Beispiel zu erkennen, wie schnell eine Mutter in ihrer Verzweiflung vergisst, dass solch ein kleines Kind seine Wünsche eben noch nicht perfekt regulieren kann, sondern seinen Trieben ganz ausgeliefert ist. Und dieser Trieb heißt bei dem Rumpelstilzchen im Supermarkt im Augenblick: »Ich will Schokolade und sonst gar nichts!« Ein kleines Kind ist durchdrungen von Gefühlen – von »guten« und von »bösen« – und kann sie noch nicht kontrollieren, sich also noch nicht zusammenreißen oder vernünftig sein.
- Möglichst wenig auf die mitleidigen bis verständnislosen und ablehnenden Blicke der Miteinkäufer achten. Sich nicht irritieren oder in Diskussionen verwickeln lassen, sondern den Blick auf das kreischende und tobende Bün-

del am Boden richten (leichter gesagt als getan). Doch um den Sprössling geht's schließlich. Die Frage heißt: »Wie beruhige ich mein Kind?« und nicht: »Wie mache ich es sämtlichen Miterziehern recht?«

- Dem Fußestrampler nicht mit Drohungen kommen, die doch nicht eingehalten werden, wie: »Wenn du nicht sofort aufhörst, darfst du am Wochenende nicht mitfahren, wenn wir die Oma besuchen!« Jedes Kleinkind weiß längst, dass solche Drohungen reines Wortgeklingel sind. Stattdessen: tief durchatmen, die eigene Aufgeregtheit bekämpfen, alle Kräfte darauf konzentrieren, eine Bärenruhe auszustrahlen. (Leider sind einkaufende Mütter von Kleinkindern keine starken Bären, und deshalb hält sich ihre Fähigkeit, in Stresssituationen Ruhe zu bewahren, meist in Grenzen.)
- Schwierig ist, die Lösung des Problems gleich parat zu haben. Sinnvoller: Sich nicht noch zusätzlich selbst unter Druck setzen, sondern lässiger reagieren. Nicht jede Entscheidung muss bis ins Letzte durchdacht sein. Der Tortur schnell ein Ende zu machen ist manchmal wichtiger als perfektes Handeln.
- Einen Machtkampf vermeiden, jetzt kein Exempel statuieren wollen. Das Gelassenbleiben erfordert einige Konzentration, denn entnervte Eltern greifen in ihrer Hilflosigkeit und Unsicherheit schnell auf alte, eingefahrene, aber untaugliche Erziehungsmuster zurück und kommen ihren Kindern wieder mit Reizsprüchen wie: »Du tust sofort, was ich sage!« Lieber nicht darauf zurückgreifen, denn zum Büttel lässt sich keiner gern machen. Kein Wunder, dass ein echter Trotzkopf dann erst recht losbrüllt.
- Konsequent bleiben. Also nicht dem Kind erst den Schokoriegel vorenthalten und ihm dann, nachdem es vor Wut ordentlich gekreischt und getobt hat, den Riegel doch kaufen – damit endlich Ruhe ist. So kommt eine falsche Botschaft

an: »Wenn ich ein Riesentamtam veranstalte, kuschen die Erwachsenen vor mir, weil sie das Theater nicht aushalten, und schon bin ich am Ziel meiner Wünsche.«

- Dem zornigen Kerlchen kurz und knapp bedeuten, dass die viel gepriesene elterliche Großzügigkeit auch ihre Grenzen hat: »Nein, du bekommst jetzt keinen Schokoriegel!« Kein langes Palaver beginnen, selbst wenn die Versuchung groß ist, es einem brüllenden Dreijährigen mit gleicher Münze heimzuzahlen und mitzuplärren.
- Wenn keine Besserung in Aussicht steht, den Strampler kurzerhand vom Boden aufklauben und mit dem Bündel Richtung Ausgang streben. Nicht schimpfen, sondern möglichst sachlich bleiben: »Das Einkaufen erledigen wir später!«
- Draußen, fernab von Schokoriegeln und Gummibärchen, den schluchzenden und verzweifelten Knirps erst einmal von seinem Kummer und seiner Wut ablenken. Die Tränen abtupfen und dabei das Taschentuch Kunststücke vorführen lassen. Oder ein besonders schickes Auto vor dem Supermarkt bewundern.
- Viel später auf das Supermarktabenteuer zurückkommen und das Thema »Schokoriegel« noch einmal gründlich besprechen. Geduldig erklären, warum es bei den täglichen Einkaufsrunden nicht immer Süßigkeiten geben kann. Auf Alternativen hinweisen – etwa auf Betthupferl, die es abends vorm Zähneputzen gibt.

Wenn aus Kindern kleine Terroristen werden

Sie schaffen es immer wieder: ihren Willen durchsetzen, koste es, was es wolle. Sie schreien, strampeln, heulen – bis die Eltern kapitulieren.

- Marcel isst nichts als Würstchen, und nur wenn die Mutter ihm dabei vorliest. Sie möchte das gar nicht, doch ihre Überredungskünste sind ohne jede Wirkung. Irgendwann gibt sie nach, entnervt und besiegt. Soll sie denn das Kind verhungern lassen?

- Pia geht nur ins Bett, wenn der Vater vorher ein bestimmtes Spiel spielt, drei Geschichten vorliest und Pias Hand hält, bis sie einschläft. Protestiert der Vater, kommt es zu dramatischen Szenen. Also gibt er klein bei.

Aber am schlimmsten ist es außer Haus, wenn die Leute mitbekommen, wie so ein kleiner Zwerg seinen erwachsenen Eltern auf der Nase herumtanzt – da würden sie manchmal am liebsten vom Erdboden verschluckt werden.

Oft hat alles mit einem Ausnahmezustand angefangen: Das Kind hatte schon als Baby Schlafprobleme, es war kränklich, es schrie furchtbar viel, es war auffällig unruhig – irgendeine besondere Situation hat die übermäßige Aufmerksamkeit der Eltern verlangt. Voller Sorge und Mitgefühl haben sie alles für ihr Kind getan – bis sie irgendwann von ihm »aufgefressen« wurden: Es wurde zum Mittelpunkt seiner Familie, bestimmte, wo es bei ihm zu Hause lang geht. Die Eltern haben also keine Autorität. Sie sind wie eine Gummiwand, gegen die das Kind immer wieder anrennt, ohne die Stärke, den Widerstand zu finden, den es unbewusst herausfordert.

Was tun?

- Die Eltern schauen sich ihr Kind genauer an: Es tritt vielleicht auf, als sei es der Größte, und spielt den Boss der Familie, aber offensichtlich fühlt es sich in seiner Haut überhaupt nicht wohl. Es ist vermutlich launisch und oft aggressiv und weder bei Kindern noch bei Erwachsenen besonders beliebt. Es braucht Hilfe, denn es hat zu viel Macht. Immer wieder spürt es, dass die Eltern zu schwach und unsicher sind, um mit ihm fertig zu werden, und verwickelt sie in fruchtlose Machtkämpfe, um zu guter Letzt stets wieder die Führung zu übernehmen. Dass es dadurch aus dem Lot gebracht wird, ist klar.
- Die Eltern beschließen, Grenzen zu setzen. Das heißt, sie stellen sich ihrem Kind. Am besten beginnen sie mit einem aktuellen Streitpunkt und geben ihrem Kind zu verstehen: »So geht es nicht weiter, wir möchten das jetzt verändern.« Also machen sie ihre Vorstellungen und Wünsche deutlich, hören sich die Gegenargumente des Kindes an und legen dann fest, wie sie in Zukunft mit dem Konflikt umgehen werden. Das Kind muss im Voraus genau wissen, was die Eltern tun, wenn es die Abmachung nicht einhält.
- Beide Eltern bleiben konsequent. Ein Beispiel: Es ist vereinbart, dass der Vater dem fünfjährigen Sohn beim Zubettgehen eine einzige Geschichte vorliest, fünf Minuten bei ihm bleibt und dann geht. Egal wie sehr das Kind bettelt und schreit – die Eltern geben nicht nach.

  Oder: Es gibt keine Würstchen mehr, sondern die ganz normale Familienkost – zuerst noch mit Vorlesen, nach und nach ohne. Und wenn das Kind nichts essen mag, auch gut; nach einer Weile wird der Hunger so groß, dass auch anderes schmecken wird und die Würstchen sind vergessen. *Wichtig:* Sie erlauben ihm aber, seine Enttäuschung herauszuheulen und seinen negativen Gefühlen Luft zu machen. Schließlich erlebt es auf schmerzliche Weise den Entzug seiner Macht und testet, ob die Eltern zu ihrer Ankündigung stehen.

- Nicht die Geduld und den Mut verlieren! Bevor eine positive Veränderung eintritt, wehrt sich das Kind erst einmal, denn es hat Angst. Bisher konnte es als kleiner Familiendiktator seine Ängste hinter seinen Machtansprüchen verstecken. Doch wenn seine Eltern auf einmal Stärke und Festigkeit zeigen, spürt es plötzlich seine eigene Hilfsbedürftigkeit – und das macht Angst.

  Die Eltern müssen ihr verstörtes Kind also auffangen, ihm immer wieder liebevoll, aber bestimmt zeigen, wo es lang geht, und es fest in die Arme nehmen, sobald es das zulässt. Es soll ja nicht von den Eltern »besiegt« werden, sondern sich endlich geborgen und geliebt fühlen, ohne sie beherrschen zu müssen.

Das Positive zuerst sehen

Das Kind braucht viel Anerkennung für seine wirklichen Stärken und Fähigkeiten. Häufig sind die Eltern eines tyrannischen Kindes so entnervt, dass sie kaum noch einen Blick für seine positiven Seiten haben – den sollten sie wieder schärfen und ihrem Kind signalisieren: »Wir lieben dich, so wie du bist.« Dann kann es sich leichter fallen lassen und muss nicht mehr so oft den Stärksten aller Starken mimen.

»Ins Bett? Jetzt schon? Ich bin kein bisschen müde!«

Es soll tatsächlich Kinder geben, die folgsam und ohne Widerworte in ihr Zimmer eilen, sobald die allabendliche Ermahnung der Eltern ertönt: »Ab ins Bett, es ist Schlafenszeit!« Doch das sind bemerkenswerte Einzelfälle. Die Norm ist: »Bitte nur noch zehn Minuten!« Oder: »Ich hab Durst, und Hunger hab ich auch noch!« Und wenn das alles nicht zieht: »Da sind immer so komische Geräusche im Schrank ...«

Alles verständlich. Denn im Wohnzimmer dabei zu sein ist alles, im (halb-)dunklen Zimmer zu verschwinden bedeutet Trennung und ist langweilig. Elterliche Argumente wie »Du kannst doch vor Müdigkeit kaum noch aus den Augen schauen« oder »Du brauchst deinen Schlaf, sonst bist du morgen zappelig und passt in der Schule nicht auf« sind aus kindlicher Sicht nur lästiges Erwachsenengefasel.

Was kann man da machen?

- Einen ruhigen Moment während des Tages dazu nutzen, um das allabendliche Theater zu besprechen. Zunächst braucht das Kind die Chance, gehört zu werden, wobei das Lieblingsargument »Wieso soll ich so früh ins Bett gehen, ich bin doch kein Baby!« besonderes Verständnis verdient: Lange aufbleiben bedeutet bekanntlich »groß« sein.
- Anschließend auch den eigenen Wunsch unmissverständlich darlegen: »Wir Eltern möchten ab ... Uhr für uns sein.« Ein fester Zeitpunkt schafft Klarheit und hilft Eltern, abends nur kurz auf die vereinbarte Uhrzeit zu verweisen, anstatt die immer gleichen Ermahnungen herunterzuleiern.
- Weil das Kind eben kein »Baby« mehr ist, darf es sich in

seinem Zimmer noch mit diesem und jenem beschäftigen oder eine Kassette hören – Zubettgehen heißt nicht zwangsläufig Licht aus und einschlafen. So haben Eltern ihre Ruhe, und das Kind wird nicht unter Druck gesetzt mit Ermahnungen wie: »Es ist unheimlich spät, jetzt musst du aber wirklich schlafen!« – wo doch niemand auf Kommando einschlafen kann.

➤ Gemeinsam ein Zubettgeh-Ritual entwickeln. Etwa so: Ausklügeln, wie lange das Kind abends für Dinge braucht wie Schultasche ordnen, waschen, Kleidung für den nächsten Tag bereitlegen u. Ä. und wie lange der gemütliche Teil – vorlesen, miteinander über den Tag reden – dauern soll. Diese Zeit dann in das Ritual einbauen.
Dem Kind eventuell die Wahl anbieten: »Entscheide, ob du eine halbe Stunde früher ins Bett gehen möchtest, dann lesen oder reden wir länger miteinander, oder ob du später gehst, dann gibt es nur noch einen Gutenachtkuss.«

Klar und eindeutig einen Schlusspunkt setzen

Keine Diskussionen und wortreichen Ermahnungen mehr. Falls es nötig ist, das (kleine) Kind bestimmt und freundlich in sein Zimmer führen – dann, wenn es Zeit ist, ins Bett zu gehen, und auch im Fall, dass es einfach wieder aufsteht und felsenfest behauptet, überhaupt nicht einschlafen zu können. Es muss erfahren: An der Vereinbarung mit den Eltern ist nicht zu rütteln. *Wichtig:* Nicht in alte Schimpfmuster verfallen; die imponieren dem Kind nicht, sie sind längst verbraucht und abgedroschen. Ein ruhiges, festes und auch genussvolles Ritual ist dem Einschlafen förderlicher als Druck und gereiztes Drängeln. Im Übrigen holen müde Kinder mangelnden Schlaf meistens nach – spätestens am Wochenende.

Doch was ist, wenn die Eltern am Ende zwar herrlich ungestörte Abende verbringen, das Kind aber so lange in seinem Zimmer spielt, dass es am nächsten Morgen völlig unausgeschlafen ist? Gelassen bleiben, einige Tage Geduld haben, bis das Zubettgeh-Ritual zur Gewohnheit geworden ist.
Anfangs beobachten, ob es vielleicht noch hier und da abgewandelt werden muss, ob der Zeitraum für den vereinbarten Ablauf auch stimmt, aber erst einmal darauf bauen, dass es »funktioniert«.

Keine Nacht Ruhe vor dem Kind

➤ Seit Monaten jede Nacht die gleiche Geschichte: nach Mitternacht leise Tippelschritte auf dem Flur, danach ein zartes Stimmchen neben dem Elternbett, das fordert: »Rutscht mal!« Sekunden später macht es sich die Dreijährige samt eigener Bettdecke auf der Ritze zwischen Mami und Papi bequem und schläft sofort wieder ein. Die Eltern haben größere Probleme mit dem Wiedereinschlafen. Sie fühlen sich gestört und fragen sich, was es mit den nächtlichen Überfällen auf sich hat und wann es damit wieder ein Ende haben wird.
Steckt hinter den nächtlichen Wanderungen nichts als eine liebe Gewohnheit, werden die meisten Eltern von Mal zu Mal ungeduldiger: »Was können wir tun, damit diese nächtlichen Wanderungen irgendwann ein Ende haben?«

Was hilft?

- Den Nachtwandler beobachten. Hat das Kind Angst, allein im Kinderzimmer zu bleiben? Oder kommt es im Kindergarten nicht klar und nimmt seinen Kummer mit in den Schlaf? Oder fühlt es sich zu Hause zu wenig beachtet und will so auf sich aufmerksam machen? Vielleicht waren die vergangenen Wochen zu hektisch. Kinder holen sich die Zuwendung wieder, die ihnen vorenthalten wird, und zwar mit Macht. Hat tagsüber niemand Zeit für sie, tanken sie nachts Wärme und Zärtlichkeit.
- Keine Machtspielchen beginnen. Das Kind also nicht mit Schwung in sein Bett zurücktragen und mit strenger Stimme Gehorsam einfordern: »Keine Widerworte! Du musst in deinem Bett schlafen!« Damit würde sich nur das Risiko vergrößern, dass das schlaflose Wesen auf das Machtspiel eingeht, also erst recht nicht einschläft, nach kurzer Zeit erneut in der Schlafzimmertür steht und jammert: »Ich kann nicht einschlafen!« Es bringt seinen Eltern so schnell bei, wer den längeren Atem hat.
- Gelassen reagieren: Kleine Kinder wachen nachts nun mal auf, das ist ganz normal. Also einerseits kein Drama aus den Nachtwanderungen machen. Möglichst nicht in Zorn geraten und in dem kleinen Wesen einen Quälgeist sehen, der nachts mit Absicht durch die Wohnung tappt, um seinen Eltern den letzten Nerv zu rauben. Das nächtliche Wandern ist keine geplante Missetat, um die Eltern zu ärgern.
  Andererseits aber klipp und klar die eigene Meinung verkünden: »Dass du bei uns schläfst, ist keine Dauereinrichtung. Das müssen wir uns wieder abgewöhnen, sonst schläfst du noch als Schulkind jede Nacht auf unserer Ritze!«

Festigkeit ausstrahlen
Zaudern und zweifeln die Eltern, und versuchen sie nur mit halbem Herzen, die nächtlichen Wanderungen zu stoppen, dann heißt das für ihr Kind: »Auf das, was sie sagen, muss ich nicht achten. Sie wissen selbst nicht genau, was sie wollen!« Erst wenn die Eltern voller Überzeugung sagen: »Demnächst schläft jeder wieder im eigenen Bett!«, haben sie eine Chance, ernst genommen zu werden.

- Mit dem Kind reden – nicht gleich nachts, sondern am nächsten Tag und in aller Ruhe. Ihm erklären, dass nicht nur Kinder, sondern dass auch die Erwachsenen Bedürfnisse haben – zum Beispiel den Wunsch, nachts nicht gestört zu werden – und dass ein Kind lernen muss, die Interessen anderer zu respektieren. Gleichzeitig Verständnis dafür zeigen, dass dieser Lernprozess Geduld erfordert und nicht in kürzester Zeit vollbracht sein kann.
- Einen klaren Standpunkt beziehen. Ein Kind spürt seismographisch, was seine Eltern denken. Es orientiert sich vor allem an ihrer Einstellung und nicht unbedingt an dem, was sie sagen.
- Durchhaltevermögen zeigen. Klar, dass sich ein Kind nicht so einfach aus dem warmen Elternbett vertreiben lassen mag und sich mit Tränen und Schluchzen wehrt. Spürt es, dass seine Eltern zwar bereit sind, es zu trösten, aber dennoch bei ihrer Linie bleiben, gibt sich das Weinen wieder.

»Mami, geh nicht weg! Mami, bleib bei mir!«

Meist ist so ein Kind lieb, sanft und – anhänglich. Sehr anhänglich: Am liebsten hängt es an Mutters Rockzipfel und lässt ihn überhaupt nicht mehr los. Mit zwei spielt es zwar mit dem Nachbarskind, aber nur wenn Mami in Sichtweite bleibt. Mit drei kommt es in den Kindergarten, doch Mami soll bitte nicht gehen. Versucht sie es doch, löst jeder Abschied Panik aus. Und wenn der kleine Klammeraffe in die Schule kommt, klebt er noch immer an ihr: Sie soll ihn unbedingt bis an die Klassentür begleiten oder bei den Hausaufgaben neben ihm sitzen und abends ja nicht mit Papi ausgehen. Mit all ihrer herzerweichenden Ängstlichkeit hat die kleine Klette ihre Eltern fest im Griff.

Verständnis aufbringen

Für dieses Verhalten kann es die verschiedensten Gründe geben: Das Kind hat in den ersten Lebensjahren eine Trennung erlebt, die es nicht ganz verkraftet hat. Die Mutter musste für längere Zeit ins Krankenhaus; sie oder beide Eltern waren verreist, und das Kind wurde von den Großeltern versorgt; die Eltern lassen sich scheiden. Sehr sensible Kinder können auf Trennungserlebnisse mit großen Verlustängsten reagieren. Aus Angst (wieder) verlassen zu werden, klammern sie sich an die Mutter und lassen sie am liebsten gar nicht mehr los.

Zudem besteht zwischen der Unselbstständigkeit eines Kindes und der Einstellung der Eltern oft eine Wechselbeziehung. Nicht nur das Kind klammert, auch die Eltern binden das Kind stark an sich – vielleicht weil es sehr zart ist und sie es schützen wollen, weil sie es ganz für sich haben möchten, um sich geliebt und gebraucht zu fühlen, oder aber weil sie glauben, ihr Kind könne gar nicht genug Zuwendung bekommen, um glücklich zu werden.

Was tun?

Dem Kind in aller Behutsamkeit den Weg zu mehr Selbstständigkeit bahnen, das heißt:

- Die Eltern erforschen ihre eigenen Ängste und ihr Verhalten gegenüber ihrem Kind: Welchen Anteil haben sie daran, dass es sich an sie klammert? Wo könnten sie ansetzen, um es zu stärken und ihm mehr Sicherheit zu geben? Ein guter Auftakt ist, dem Kind Erfolgserlebnisse zu vermitteln.
- Dem Kind helfen, seine eigenen Fähigkeiten zu entdecken. Bisher hat es vor allem erfahren, dass es immerzu an seine Grenzen stößt und ohne Hilfe der Eltern nicht zurechtkommt. Und die Eltern haben es, ohne Absicht, vermutlich darin bestätigt, indem sie ihm zu viel abgenommen haben. Also gilt, das Kind dabei zu unterstützen, seinem Alter und seinen Vorlieben entsprechend, Dinge selbst zu schaffen: einen Turm zu bauen, den Tisch zu decken, das Puzzle zu legen. Und wenn die Eltern ihm dabei helfen, dann diskret und so unauffällig, dass es stolz auf seine eigene Leistung sein kann.
- Eltern üben, von ihrem Kind Abschied zu nehmen. Zum Beispiel, wenn es in den Kindergarten kommt: Sie nehmen es auf keinen Fall gleich nach den ersten Tränen wieder mit nach Hause, um es dort noch mehr zu umhegen. Dies wäre ein Rückschlag und für alle eine Niederlage. Es bindet sich dann nur noch stärker an die Eltern.
  Besser ist es, das Kind zunächst nur ein, zwei Stunden im

Kindergarten zu lassen und die Zeitspanne allmählich zu steigern, es aber immer pünktlich abzuholen, da Zuverlässigkeit eine Grundvoraussetzung ist, um seine Ängste abzubauen. Tröstlich sind im Übrigen eingespielte Abschiedsrituale und vertraute Gegenstände, die es von zu Hause in den Kindergarten mitnehmen darf.

- Eltern lassen »Rückschritte« zu: Viele Kinder machen in ihrer Entwicklung zwei Schritte vor und einen zurück – das ist völlig normal. So hat es sich vielleicht in seiner Selbstständigkeit bereits weit vorgewagt, doch plötzlich klammert es wieder: Es macht wieder in die Hosen, wacht nachts wieder mehrmals auf oder möchte wieder vorgelesen bekommen. Womöglich ist es eifersüchtig auf das Geschwisterchen und will selbst noch einmal Baby sein.

Die Balance halten aus Loslassen und Festhalten
Wichtig: Das Abschiednehmen funktioniert natürlich nur, wenn sich das Kind an dem fremden Ort wohl fühlt und die Menschen dort mag. Um selbstständiger zu werden, braucht es Beziehungen zu anderen und Quellen der Geborgenheit außerhalb der Familie.

Einen Schritt vor, zwei zurück – dauernd wird getrödelt

- Jeden Morgen die gleiche Szene: Mit Blick auf die Uhr und längst schon im Mantel umkreist die Mutter ihren Dreikäsehoch von Sohn, der in aller Ruhe seine Hausschuhe auszieht und gar nicht daran denkt, sich helfen zu lassen. »Mach ich allein!«, verkündet

er energisch und lässt sich bei seiner Arbeit durch eine ungeduldige Mutter nicht stören, die – wie immer – seine Gummistiefel bereitstellt, seinen Anorak holt und vergeblich versucht, ihm Beine zu machen: »Los, los! Der Bus wartet nicht! Wir haben's eilig, das weißt du doch!«
Natürlich kennt der Vierjährige den morgendlichen Zeitdruck, das bedeutet aber noch lange nicht, dass er seine Bärenruhe verliert und sich sputet. Er trödelt gemütlich weiter, manchmal sogar richtig genüsslich. Weil seine Mutter inzwischen reichlich unter Druck steht, macht sie das, was sie nicht tun will – sie schimpft: »Kannst du dich nicht ein bisschen mehr beeilen, deine Trödelei ist nicht zum Aushalten.«
Das Meckern hat nicht zur Folge, dass sich ihr Trödler nun beeilt. Im Gegenteil. Der Knabe kennt die Leier längst. Das ewige »Dalli, dalli!« prallt an ihm ab.

Was tun?

➤ Versuchen, die Ursache des kindlichen Verhaltens herauszufinden, und sich kritisch fragen: Machen wir Eltern zu viel Druck? Stimmt das Tempo nicht, das wir zu Hause vorgeben? Sagen wir zu oft »hopp, hopp« und »eilig«?
Gibt unser Sprössling uns mit seinem Dauergetrödel zu verstehen, dass er keine Lust hat, so zu funktionieren, wie wir's gern hätten – immer schön schnell, reibungslos und wohl organisiert nach unserem Schema? Oder gilt das Trödelmanöver vielleicht als Zeichen von Selbstbehauptung und heißt: »Ich bestimme selbst, wie schnell oder langsam ich mich in Bewegung setze.«
Oder soll das ewige Getrödel eine Provokation sein? Ein Machtspielchen, das signalisiert: »Mit meiner Langsamkeit kann ich euch nerven. Ihr müsst euch fügen. Ich bestim-

me, in welchem Tempo hier was geschieht, ganz egal, was ihr davon haltet!« Kinder mögen nicht immer nur brav sein, und sie haben auch schlicht ein Heidenvergnügen daran, ihre Macht auszuspielen und neugierig abzuwarten: »Mal sehen, was jetzt geschieht.« Oder ist unser Kind einfach nur ein Träumer, in seinen Gedanken im Wolkenkuckucksheim, und was sich auf Erden abspielt, interessiert nicht besonders. Was steckt dahinter, wenn es sich in Tagträumereien verliert? Ist das als Spiel oder als Flucht vor der Wirklichkeit zu verstehen?

- Versuchen, hinter das Geheimnis der Langsamkeit zu kommen: »Woran denkst du eigentlich, wenn du Löcher in die Luft starrst und dabei die Zeit vergisst?« Fragen Sie nicht gerade zwischen Tür und Angel, wenn die Zeit drängt, sondern später in Ruhe.
- Dem Trödler seine Eigenständigkeit zubilligen – auch wenn's Nerven kostet. Ihm nicht mit Normen kommen wie: »Was alle Kinder schaffen, wirst du auch können!« oder: »Eine Stunde muss morgens reichen fürs Aufstehen, Frühstücken, Anziehen!« Viele Kinder haben nichts im Sinn mit dem, was als Normalmaß gilt. Sie denken nicht daran, sich anzupassen. Bei ihnen dauert es einfach länger, bis sie in die Gänge kommen – egal was andere davon halten. Wer entsprechend mehr Zeit für die alltäglichen Dinge des Lebens einkalkuliert (Wecker früher stellen), erspart sich einigen Stress und hat so die Möglichkeit, Ruhe zu bewahren: »Wenn wir den Bus verpassen, nehmen wir eben den nächsten!«
- Möglichst gelassen und ruhig auf die Trödelmanöver reagieren – ein Kunststück, das gelernt sein will. Im Gespräch nicht zu lang und breit darauf eingehen, sonst wird erst recht ein Thema daraus, und die Botschaft lautet: Damit rücke ich in den Mittelpunkt des Interesses.

Besser: einen Mittelweg finden. Mal machen die Eltern Dampf – wenn's wirklich eilt. Mal trödeln sie mit – wenn sich's einrichten lässt. Werden die eigenen Bedürfnisse gesehen und respektiert, stellen sich Kinder auf Dauer selten quer. Warum auch? Langsamkeit kann auch ihr Gutes haben. Eltern lernen von ihren Kindern, dass Kinderuhren anders ticken als die der Erwachsenen und nicht alles nach Programm verlaufen muss, dass es oft eben nicht auf die Minute ankommt und Spielräume weiter gesteckt sind, als im ersten Moment erwartet, dass es erholsam sein kann, häufiger fünf gerade sein zu lassen. Besonders die ewig eiligen, scheinbar gut organisierten Erwachsenen erfahren im Zusammenleben mit Kindern, dass Zeitdruck oft hausgemacht ist und mehr Müßiggang das Leben bereichert.

- Die eigene Not schildern, wenn wirklich keine Zeit ist für Trödelmanöver: »Ich mag die Hetzerei auch nicht, aber auf meinem Schreibtisch wartet ein Batzen Arbeit, der bis zum Abend erledigt sein muss. Deshalb müssen wir den nächsten Bus erwischen und uns beeilen, um in den Kindergarten zu kommen, damit ich danach schnell ins Büro abschwirren kann. Das lässt sich heute nicht anders machen. Aber zusammen schaffen wir das schon!« Keine langen Diskussionen anzetteln, warum der Batzen Arbeit wartet und weggeschafft werden muss, sondern klipp und klar bei der Sache bleiben: »Ich möchte, dass du dich beeilst!« Ein knappes »Ich möchte, weil ...« oder »Das muss sein, weil ...« wirkt oft Wunder, wenn es nicht zu häufig benutzt und damit abgenutzt wird.

Kaum sitzen die Kinder im Auto, schon fliegen die Fetzen

Ein einziges Kind auf dem Rücksitz: eitel Sonnenschein. Zwei befreundete Kinder im Auto: bewegt bis stürmisch. Geschwister in ein und demselben Wagen: Aufruhr aller Elemente.

Warum? Weil Geschwister schließlich Rivalen sind, die auf dem Rücksitz Gebietskämpfe austragen, und weil sie völlig verschiedene, meist alterstypische Interessen durchsetzen wollen. Das jüngere verlangt nach der Märchenkassette, das ältere brüllt: »Bloß nicht den Babykram!« Da hocken sie in der Enge des Wagens beieinander, gehen sich auf die Nerven, langweilen sich. Streit wird dann zum Frustventil und der Hintersitz zur Kampfarena. Mögen die aufgebrachten Eltern noch so fürchterliche Verwünschungen ausstoßen, der Effekt ist gleich null. Die beliebteste aller leeren Drohungen: »Wenn ihr nicht gleich aufhört, schmeißen wir euch raus« ist vermutlich die hilfloseste.

Vorher gemeinsam beratschlagen

Vor Reiseantritt sollten Eltern und Kinder sich überlegen, wie die Reise lustiger werden kann: Welche Spielsachen, Malutensilien und Musikkassetten mitnehmen? Welcher Proviant und wie viel?

Welche gemeinsamen Spiele planen, die allen Spaß machen? Wer sitzt wo und wie lange? Vermutlich geraten sich die Geschwister spätestens jetzt in die Haare – sollen sie doch. Zu Hause haben sie noch Zeit und Raum genug, um ihre Wünsche auszuhandeln und sich dabei nach Herzenslust zu zanken.

An die Mitverantwortung erinnern
Alle bewährten Rezepte – ja keine Einmischung oder Parteinahme, die Lösung des Konflikts den Kindern überlassen, räumliche Trennung der Streithähne –, all diese Methoden sind im Auto unmöglich oder viel zu gefährlich. Und genau das muss mit den Kindern – vor der Autofahrt – eindringlich besprochen werden. Natürlich verstehen Eltern, dass Stillsitzen im Auto fade ist und nervt, doch hier zählen aus Sicherheitsgründen andere Regeln als zu Hause und das können auch kleine Kinder schon einsehen.

Und eines muss unmissverständlich klar sein: Wenn es trotz aller akribischen Planung auf dem Rücksitz doch Tumult gibt, wird sofort (oder sobald es geht) an den Rand gefahren und angehalten – ohne große Erklärungen, ohne jegliche Diskussion –, bis Ruhe herrscht. Wird diese Regel von den Erwachsenen konsequent durchgehalten, spüren die Kinder, dass die Eltern es ernst meinen – und das wirkt Wunder.

Noch einige Tipps

- So zeitig losfahren, dass tatsächlich mehrere Stopps möglich sind, ohne in Zeitnot zu geraten.
- Bei langen Fahrten: mehrmals rasten, damit die Kinder sich austoben können. Aber natürlich nicht anhalten, wenn auf dem Rücksitz Ruhe herrscht, sondern erst, wenn der Friede bedroht ist, und dann schnell, bevor die Schlacht ausbricht.
- Eis und Cola an der nächsten Tankstelle in Aussicht stellen. Doch immer genügend Getränke dabeihaben; Hitze

und trockene Luft im Auto machen Kinder noch durstiger als sonst.

- Den Walkman nicht vergessen, damit jedes Kind seine eigene Musik hören kann.
- Warum sich als Erwachsener nicht auch mal auf die Rückbank setzen?

Fernsehen – das große Streitthema in der Familie

- Wieso läuft die Kiste schon wieder? Glücklich und versunken hat die Tochter gerade noch im Kinderzimmer mit ihren Bauklötzen hantiert. Warum bleibt die Vierjährige nicht bei ihrem Spiel? Genervt lauscht die Mutter an der Wohnzimmertür und fragt sich: »Wieso weiß das Kind mit seiner Zeit nichts Besseres anzufangen, als sich vor die Flimmerkiste zu setzen? Was tun, damit die Dauerfernseherei ein Ende hat und die Tochter wieder mehr Augen und Ohren für ihre Spielsachen, Malstifte und Bilderbücher? Die Glotze einfach abschalten?«

Was wirkt?

- Dem Kind samt Fernseher erst einmal den Rücken kehren, entspannen, tief Luft holen. Die Situation genau anschauen: Warum ärgert es mich eigentlich, dass mein Kind vor dem Fernseher hockt? Heißt das Problem vielleicht auch: Ich fühle mich mies, weil ich dem Fernseher nichts entgegensetze? Weil ich mich um meine eigenen Dinge mehr kümmere als um mein Kind? Weil ich keine Zeit und keine

Lust habe, andere Interessen zu wecken und den Fernseher oft ganz als Babysitter benutze? Wem will ich mit meiner Aktion »Jetzt wird nicht mehr ferngesehen« eigentlich eine Grenze setzen – dem Kind oder mir?

- Gelassen bleiben. Auf keinen Fall ins Wohnzimmer stürmen und lospoltern. Geraten die Eltern in Rage, wird das Spektakel nicht selten für ein Kind erst recht interessant.
- Bestimmt und mit möglichst ruhiger Stimme sagen: »Ich möchte nicht, dass du schon wieder vor dem Fernseher hockst!« Nicht hart und plötzlich einen Schlussstrich ziehen: »Ende mit der Glotzerei!«, sondern einen Kompromiss anbieten: »Diese Sendung schaust du dir noch zu Ende an, aber länger wird nicht ferngesehen!«
- Erklären, warum das Maß voll ist und warum man nichts von dem Dauerfernsehkonsum hält.
- Ein kleines Kind ist überfordert, wenn es selbst bestimmen soll, wann es fernsieht und wann nicht. Der Apparat ist einfach zu reizvoll. In dieser Situation aus eigenem Antrieb Nein zu sagen, das ist nicht zu schaffen, wenn man vier, fünf oder sechs Jahre alt ist (und auch danach haben die meisten Kinder noch ihre Probleme damit). Deshalb eindeutig Stellung beziehen und ein Reglement vorgeben: »Ferngesehen wird nur nach Absprache.« Oder: »Nur das wird angeschaut, was wir gemeinsam in der Programmvorschau anstreichen.« Oder: »Ferngesehen wird nur, wenn ich dabei bin.«
- Dem Kind Alternativen zum Fernsehprogramm schmackhaft machen und ihm mehr Zeit und Zuwendung widmen. Gemeinsam Kaufladen spielen, gemeinsam das Liederbuch durchblättern, gemeinsam im Park über die Wiese rennen, gemeinsam durch den Supermarkt schlendern – es gibt vieles, was ein kleines Kind in der Regel mehr interessiert, als allein vor dem Fernseher zu hocken.

Veränderungen Schritt für Schritt einführen
Änderungen Schritt für Schritt einführen, nicht plötzlich das Steuer herumreißen. Durfte ein Kind bisher nach Herzenslust fernsehen, dann kann es nicht verstehen, warum plötzlich damit Schluss sein soll, nur weil es aus Sicht der Eltern zu viel fernsieht. Was bedeutet das überhaupt – zu viel fernsehen? Es kann nicht nachvollziehen, warum die Eltern plötzlich hart und streng durchgreifen, und reagiert entsprechend bockig auf diese Verhaltensänderung.

»Hilfe, mein Kind ist schlampig, vergesslich und völlig chaotisch!«

Manche Kinder sind so unglaublich unordentlich, dass ihre Eltern schier verzweifeln: ein Kinderschuh vor der Haustür, der andere im Flur, die Jacke in die Ecke gepfeffert, die Schulhefte zusammengeknüllt im Ranzen. Nirgends kann das Chaotenkind sein Sportzeug finden, seine Handschuhe lässt es wer weiß wo liegen. Und sein Zimmer? Es sieht aus, als hätte ein Orkan darin gewütet. Unter dem Bett vergammeln Bananenschalen, Keksreste und einzelne Socken.

Wenn alle Ermahnungen nichts fruchten, drohen die Eltern entweder mit Strafe: »Wenn du noch einmal etwas verschlampst, zahlst du es von deinem Taschengeld!« oder sie versuchen es mit einer Belohnung: »Eine Woche lang ein aufgeräumter Schulranzen, und du bekommst ein neues Poster.« Der Erfolg solcher Methoden ist, zum Leidwesen der Erwachsenen, meist dürftig. Denn schlampige Kinder fühlen sich in ihrem Saustall wohl. Und sie sind deswegen schusselig, weil sie so in ihrer eigenen Welt aufgehen, dass die faden Ordnungsvorstellungen ihrer Eltern sie gar nicht erreichen.

Wie kann man für ein bisschen mehr Ordnung sorgen?

- Ein Familiengespräch einberufen, in dem auf keinen Fall noch mehr ermahnt und gepredigt wird. Denn wortreiche Belehrungen überzeugen das Kind sowieso nicht, im Gegenteil, es kann sie nicht mehr hören. Besser ist es, das Kind anzuhören. Vielleicht kommt es selbst auf Ideen, wie es seinen Alltag besser organisieren kann: »Wir kleben einen großen Zettel an meine Schranktür: Mittwochs Sportsachen einpacken.« Oder: »Kauft mir doch einen ganz großen, knallroten Papierkorb für mein Zimmer, dann schmeiß ich die Bananenschalen bestimmt da rein!«
- Nur wenige, aber präzise Regeln aufstellen und sie auf die von der gesamten Familie benutzten Räume beschränken. Wenn die Eltern das Kind in seinem eigenen Zimmer möglichst gewähren lassen, wird selbst dem schlampigsten das Chaos zu viel, wenn es vor lauter Unordnung nicht mehr weiß, wohin es treten soll. Vielleicht helfen dann Mutter oder Vater ein wenig beim Aufräumen, denn Ordnungmachen will erst gelernt sein. Außerdem ist das eine ideale Gelegenheit, das Zimmer gemeinsam auszumisten.
- Mit logischen Konsequenzen reagieren, wenn Abmachungen nicht eingehalten werden: Verstreut das Kind seine Sachen überall in der Wohnung, werfen die Eltern sie in eine große Kiste im Keller. Liegt die schmutzige Wäsche nicht im Wäschekorb, wird sie einfach nicht gewaschen. Und lässt das Kind seine Handschuhe irgendwo liegen, zahlt es beim Neukauf vom Taschengeld etwas dazu.

Wichtig: Solche Maßnahmen funktionieren natürlich nur, wenn die Eltern bereit sind, konsequent zu handeln.

- Den Alltag strukturieren. Fahrige und leicht chaotische Kinder kommen innerlich eher zur Ruhe, wenn sie im Voraus wissen, wann welche Aktivitäten oder Aufgaben anliegen. In einer überschaubaren Ordnung fühlen sie sich aufgehoben und sicher – und können sich so auch selbst besser organisieren.
- Schließlich als Erwachsener in Sachen Ordnung und Sauberkeit etwas lockerer werden. Kinder haben einfach andere Vorstellungen darüber. Ihr Durcheinander stört sie nicht, oft brauchen sie es sogar, um ausgiebig spielen zu können. Sie wollen ihre Eltern nicht damit ärgern, es sind ihnen nur andere Dinge viel wichtiger.

»Mami, du bist eine doofe Zicke!«

»Doofe Zicke« gehört noch zu den harmloseren Bezeichnungen. Das Spektrum reicht von »Arschloch« bis »bescheuerte Kuh«. Vor allem Stöpsel im Kindergartenalter haben wenig schmeichelhafte Bezeichnungen für ihre Eltern parat.

Was steckt dahinter, und wie können Eltern damit umgehen?

Zum einen sind Kinder im Kindergartenalter besondere Sprachkünstler. Sie genießen es, endlich über einen reichen Wortschatz zu verfügen. Und weil sie stolz auf ihr neues Können sind, haben sie jetzt ihre besondere Freude daran, mit

Sprache zu experimentieren. Dass sich mit Wortgewalt Mächtiges bewirken lässt, dämmert ihnen zunehmend. Was sich damit erreichen lässt, wird neugierig ausgelotet: »Wie reagiert der Vater, wenn ich ›Oller Glatzkopp!‹ zu ihm sage? Die Mutter, wenn ich sie als ›Dämliche Hexe‹ bezeichne? Der Bruder, wenn ich ›Blöder Affenarsch!‹ hinter ihm herrufe? Lachen die Beschimpften, werden sie wütend, oder nehmen sie diese wunderbaren Wortgebilde kaum wahr, die ich erfunden oder mir gemerkt habe?«

Weil das Spiel neu, entsprechend reizvoll und spannend ist, wird es mit Wonne wiederholt. Die Beschimpfungen sind also manchmal nur Testballons: »Mal gucken, wie andere auf meine Lieblingsschimpfwörter so reagieren.« Die Tragweite von Schimpfwörtern überblicken kleine Kinder noch nicht. Wie sehr sie verletzen können, ist ihnen nicht klar.

Zum anderen machen Kinder in dieser Phase eine neue Erfahrung: Beherrschen sie Schimpfwörter, dann steht ihnen ein weiteres Ventil zur Verfügung, um Gefühle abzureagieren, wenn sie unter Druck geraten und sich Luft machen wollen. Früher konnten sie sich vor Verzweiflung nur auf den Boden werfen, laut und schrill kreischen und um sich treten, wenn sie vor Wut weder ein noch aus wussten. Heute können sie ihre Wut in Worte fassen, dem anderen diese Worte um die Ohren hauen und dann erleichtert aufatmen.

Verstehen, warum kleine Kinder Schimpfwörter benutzen, bedeutet noch lange nicht, sie auch hinnehmen zu müssen. Wie zeigt man Grenzen auf, wenn Kinder ihre Eltern als Doofköppe oder als Saubande beschimpfen?

Was tun?

- Nerven behalten und bloß kein Schimpfduell beginnen. Auch nicht mit feineren Worten zurückgiften, sondern möglichst gelassen bleiben. Ruhig durchatmen. Warten, bis sich der Adrenalinspiegel wieder senkt. Derweil ein kurzes Selbstgespräch halten nach der Art: »Es geht nicht gleich die Welt unter, wenn ich mir anhören muss, ich sei eine blöde Henne!« (Sie geht auch nicht unter, wenn andere mithören.) Dann möglichst sachlich und ruhig sagen: »Ich will nicht beschimpft werden!«
- Nicht mit Strafen drohen: »Wenn du das noch einmal zu mir sagst, dann ...« Was dann? Strafen nutzen wenig, denn sie machen eher wütend als einsichtig. Besser ist zu erklären, warum mich Schimpfwörter verletzen: »Du tust mir weh, wenn du mich beschimpfst – Schimpfwörter sind verletzend wie Schläge!« Und: »Wie würde es dir ergehen, wenn dich dein Freund beschimpft?« Manches Kind wird hier hellhörig und gibt zu: »Ich bin dann sauer und traurig.«
- Haben sich die Wogen geglättet, im Gespräch noch einmal auf dieses Erlebnis zurückkommen und erklären, warum Schimpfwörter kein Zeichen von Stärke sind. Gemeinsam überlegen, wie man den Frust loswerden kann, ohne einem anderen auf der Seele herumzutrampeln. Ein Vorschlag: Nicht den Kontrahenten als dusseligen Trottel bezeichnen, sondern lieber laut und kräftig »Mist!« brüllen.
- Die eigene Sprache überprüfen. Wie reagieren wir Erwachsenen, wenn wir Wut im Bauch haben? Knurre ich hinter jedem Straßenverkehrsrowdy »Idiot!« her, muss ich mich nicht wundern, wenn meine Kinder ihre Lehrer als »Saftsäcke« bezeichnen. Wie immer orientieren sie sich auch hier an den Erwachsenen.

Sich um Hilfe bemühen

Schimpft ein Kind über alles und jedes, bekommen die Eltern ständig zu hören, sie seien überhaupt das Letzte und die spießigsten Oberpenner, sollten Mütter und Väter sehr genau hinschauen, denn das geht über Familiengezänk und Frustgeplänkel hinaus. Was steckt dahinter? Warum diese Wut, diese dauernde Unzufriedenheit? Sich einer Erziehungsberatungsstelle anzuvertrauen ist oft besser als langes Rätseln und Beobachten.

Nicht provozieren lassen

Im Gegensatz zu den Kleinen wollen ältere Kinder mit Schimpfwörtern oft gezielt provozieren und auch verletzen. Wer sich nicht provozieren lässt, sondern mit Festigkeit und Entschlossenheit auf solche Grenzverletzungen reagiert, das Kind zum Beispiel mit einem »Das muss ich mir nicht anhören!« kühl aus dem Zimmer weist, wird wahrscheinlich nicht so schnell wieder beschimpft, denn die Provokation hat nicht gegriffen und das Schimpfwort wenig bewirkt – damit verliert die Sache ihren Reiz.

Eltern gehen heute glücklicherweise freundschaftlich, tolerant und locker mit ihren Kindern um – gerade wenn diese älter werden. Sie beharren nicht mehr darauf, zu Hause allein das Sagen zu haben wie Familienhäuptlinge, und fürchten seltener, dass ihnen ihre Sprösslinge auf dem Kopf herumtanzen. Ab und an wird dieser lässige Ton bei aller Freundschaft von den Nachkömmlingen missverstanden, werden Grenzen auf ihre Haltbarkeit getestet oder nicht mehr wahrgenommen, obwohl sie dennoch gelten.

»Ich möchte, dass du dich bei Tisch benimmst!«

➤ Der Kopf hängt schwer über dem Suppenteller. Auch dem Arm scheint es an Kraft zu mangeln. Der Sechsjährige schafft es kaum, den Löffel anzuheben. »Gleich hängst du mit der Nase im Teller!«, mahnt seine Mutter. »Na und«, brummelt der Suppenlöffler, »ist doch egal!« »Ist eben nicht egal!«, antwortet seine Mutter und weist darauf hin, dass der Mensch in der Lage ist, den Löffel zum Mund zu führen, und nicht den Mund zum Löffel.

Trotz aller Erklärungen hat der Sohn für gute Manieren nicht viel übrig. Nicht schlürfen, nicht schmatzen, nicht mit vollem Mund reden – der gesamte Katalog feinerer Sitten ist ihm schnurzegal. Entsprechend aufmüpfig ist sein Verhalten: Er denkt nicht daran, einigermaßen sittsam bei Tisch zu sitzen. Er schlürft seine Suppe in sich hinein, schmatzt munter und zeigt seine Abneigung gegen gutes Benehmen deutlich.

Wie reagieren?

➤ Ein Kind möglichst von klein auf mit den wichtigsten Benimmregeln bekannt machen – auch wenn man ihm in der Kleinkindphase größere Spielräume zubilligt: »Noch nimmst du die Pizzastücke in die Hand. Später wirst du sie auch mit Messer und Gabel essen – so wie ich!« Auf diese Weise sind bestimmte Regeln von Anfang an eine Selbstverständlichkeit.
Lässt man einem Kind dagegen jahrelang alle Freiheiten der Welt, ist es später um so mühsamer, ihm mit unbequemen Einschränkungen zu kommen. Natürlich sperrt es sich dann dagegen und will die neuen Regeln erst mal umgehen.

- Wenn es zu Auseinandersetzungen kommt, dem Anstandsmuffel verständlich machen, dass einem sein Gelümmel, Geschlürfe und Geschmatze die Freude an gemeinsamen Mahlzeiten verleidet. Die eigenen Wünsche zum Ausdruck bringen: »Ich möchte, dass du dich einigermaßen anständig benimmst – so wie es auch in einem Restaurant Sitte ist!«
- Willkürliche Drohungen wie »Wenn du das Schmatzen nicht lässt, bekommst du morgen keinen Nachtisch!« werden nicht ernst genommen. Besser ist, sofort zu reagieren und gleich Konsequenzen zu ziehen: »Wir haben keine Lust, deine schlechten Manieren zu ertragen. Deshalb isst und trinkst du lieber allein! Oder du benimmst dich bei Tisch so, dass wir gern mit dir zusammensitzen.«
  Ziehen Eltern eindeutig Grenzen, finden solche Konfrontationen in Zukunft seltener statt. Mit der Zeit begreift ein Kind, dass das Zusammenleben besser klappt, wenn sich alle an bestimmte Vorgaben halten.
- Keinen umfassenden Katalog von Benimmregeln verkünden, sondern nur die Einhaltung der wichtigsten einfordern. Je mehr Regeln, desto größer die Wahrscheinlichkeit, dass sich der Nachwuchs gegängelt und eingeengt fühlt, dichtmacht oder auf einen Machtkampf aus ist. Halten sich die Regeln dagegen in Grenzen, erhöht sich die Bereitschaft, sie zu akzeptieren.
- Tischmanieren nicht ganz so ernst nehmen – auch wenn's schwer fällt! Denn Mahlzeiten sind schließlich Nahrung für Leib und Seele und kein steifer Benimmkurs. In einer gelösten Atmosphäre fühlen sich alle sehr viel wohler. Die Tischmanieren bleiben fürs Erste unperfekt, aber dafür steigt die Lust am Essen.
- Keine Gardinenpredigt halten, wenn der Sohn das Messer ableckt, sondern fernab vom alltäglichen Geschehen ein

Höflichkeit – keine alte Tugend
Höflich müssen Kinder nicht unbedingt sein, so die Meinung vieler in den vergangenen Jahrzehnten. Diese Tugend war bei vielen Eltern als Erziehungsziel verpönt, denn sie wurde als Dressur, als Aufforderung zu übergroßer Anpassung an vorgegebene Normen verstanden.
Inzwischen hat sich das Blatt wieder gewendet. Höflichkeit gilt inzwischen wieder als Zier – laut einer Umfrage ist es den meisten Eltern von heute wieder wichtig, dass ihre Kinder lernen, sich zu benehmen. Unter einem gutem Benehmen verstehen sie keine Rückkehr zu den alten Ritualen aus Großelterns Zeiten, zu den starren Formen wie etwa Knicksen und Dienern, sondern heute ist mit Höflichkeit ein gutes soziales Verhalten gemeint, das durch Fähigkeiten wie etwa Einfühlungsvermögen und Rücksichtnahme geprägt ist. Nicht nur die eigenen Bedürfnisse im Blick zu haben, sondern auch die anderer Menschen, das ist das Erziehungsziel unserer Tage.

Gespräch über den Sinn sozialer Verabredungen beginnen. Versuchen, den Sinn von Benimmregeln zu erklären: Warum einem anderen die Tür vor der Nase zuknallen, wenn ich sie ihm aufhalten kann? Warum also unfreundlich sein, wenn ich freundlich sein kann?
Oder: Warum Kartoffeln mit den Fingern essen, wenn alle eine Gabel benutzen? Warum das tun, was andere als störend und unschön empfinden?
Erklären, dass man sich in unseren Breiten auf bestimmte Abmachungen geeinigt hat: Hier wird eine Serviette und nicht das Tischtuch zum Mundabputzen benutzt usw. Was bei uns gilt, muss in anderen Ländern noch lange nicht

gelten. Jede Gemeinschaft hat eigene Regeln, an die man sich halten sollte, um dazuzugehören.

Da hilft nur eins – Prioritäten setzen:

- Die Kinder fragen, was sie am Ablauf der gemeinsamen Mahlzeiten ändern wollen. In der Regel antworten sie: »Anstatt uns auszufragen, wie's in der Schule war, lasst uns lieber in Ruhe essen!« Oder: »Es nervt, wenn ihr immer an uns herumnörgelt.« Wenn sie mitbestimmen dürfen, wird Kindern schnell klar, was ihnen wichtig ist: Sollen alle Familienmitglieder teilnehmen oder holt sich jeder aus der Küche was er will?
- Anschließend Kompromisse und Zugeständnisse aushandeln, beispielsweise: Einmal in der Woche bekommt jedes Kind (und vielleicht auch Mutter und Vater) sein Lieblingsgericht. Jedes Kind darf sich ein, zwei Speisen aussuchen, die es nicht zu essen braucht, stattdessen schmiert es sich ein Brot. Hähnchenbeine und Pommes darf man mit der Hand verspeisen.
- Die Eltern benennen drei oder mehr Punkte, auf denen sie bestehen, zum Beispiel: keine Rempeleien, dem anderen nicht ins Wort fallen, erst aufstehen, wenn alle fertig sind. Jeder Punkt wird auf ein »Erkennungswort« reduziert, das im Bedarfsfall genannt wird.
  Auf diese Weise ersparen sich Eltern jenes Dauernörgeln, das allen zum Hals heraushängt. Für kleinere Kinder kann das Pochen auf Tischmanieren mit »Codewörtern« sogar zum vergnüglichen Spiel werden.
- Warum nicht einmal in der Woche Tischmanieren üben? Dabei kann man ja ein wenig herumalbern, sich übertrieben steif und fein benehmen.

- Wenn dem Kind ein unbekanntes Gericht mal überhaupt nicht schmeckt, wird der Teller einfach entfernt – das setzt dem Gemotze ein Ende und schont die elterlichen Nerven.
- Jedes Kind muss nur so viel essen, wie es möchte: Das ist für alle entspannend. Meistens essen Kinder dann von sich aus mehr.
- Mit kleineren Kindern bei einer Brotzeit zu zweit oder beim »Kaffeeklatsch« mit Stofftieren spielerisch Tischmanieren einüben. Dabei Tiere für »schlechtes Benehmen« rügen, für gutes loben.

»Wir haben uns auf sechs Uhr geeinigt, deshalb gilt sechs Uhr!«

Es ist dem Sohn nicht beizubringen, pünktlich zu sein. Egal ob Schulbeginn oder Abendessen, Besuch bei der Großmutter oder Stadtbummel, nie ist er zum verabredeten Zeitpunkt zur Stelle. Schimpfen hilft nicht, ermahnen hilft nicht, und auf Strafen, die seine Eltern in ihrer Hilflosigkeit verkünden, reagiert er nur mit überlegenem Lächeln.

Was tun?

- Zuhören, wenn das Kind seine Unpünktlichkeit zu erklären versucht. Es nicht mit einem Schwall von Vorwürfen und mit miesepetriger Miene empfangen.
- Dem Kind sachlich erklären, warum Pünktlichkeit eben doch wichtig ist: »Was empfindest du, wenn du ewig warten musst? Du ärgerst dich wahrscheinlich, denn Warten

ist langweilig. Warten kann zur Qual werden, wenn man sich Sorgen macht und denkt: ›Hoffentlich ist nichts passiert.‹ Deshalb ist es rücksichtslos, andere lange warten zu lassen. Wer sich verspätet, kann Bescheid sagen.«

- Über Rücksichtnahme, Fairness und Kooperationsfähigkeit sprechen (aber keine Moralpredigt halten). Gemeinsam mit dem Kind überlegen, warum das Zusammenleben angenehmer ist, wenn alle – Kinder und Erwachsene – rücksichtsvoll und höflich miteinander umgehen und ihren Egoismus nicht zu intensiv pflegen. Gleichzeitig Verständnis dafür zeigen, dass ein Kind auch mal unpünktlich ist. Ein Vier-, Sechs- oder Achtjähriges hat seine eigene Wirklichkeit. Wenn es spielt und mit Freunden zusammen ist, wird alles andere vergessen. Kein Gedanke mehr an die Regeln, die man mit den Erwachsenen ausgemacht hat. Nur die eigenen Erlebnisse zählen. Es ist also kein »böser Wille«, wenn ein jüngeres Kind Verabredungen vergisst, auf die es sich eingelassen hat. Dennoch muss es auf Dauer lernen, dass eben im Zusammenleben bestimmte Spielregeln gelten und zu beachten sind.
- Gemeinsam mit dem Kind überlegen, ob Pünktlichkeit eigentlich in jedem Fall sein muss. Grenzen sind keine starren Gebilde, sondern meist eine subjektive Sache. Man kann Spielregeln und Verabredungen auch infrage stellen und neue, vielleicht weniger strikte treffen.
- Nicht aus Bequemlichkeit oder um des lieben Friedens willen gleichgültig bleiben, wenn ein Kind verabredete Regeln dauernd ignoriert.
- Hält sich ein Kind so gut wie nie an Verabredungen und ist nie pünktlich, nach dem Warum fragen. Manchmal setzt sich ein Kind über Regeln hinweg, um seinen Eltern auf diese Weise indirekt zu signalisieren: »Ich bin kein kleines Kind mehr. Ich will selbst bestimmen, was ich tue.«

Kinder wollen respektiert werden
Selbst wenn ein kleines Kind den Sinn eines solchen Gesprächs noch nicht von A bis Z versteht, erlebt es doch, dass es als Gesprächspartner ernst genommen und seine Meinung beachtet wird.
Reagieren die Eltern nicht, heißt die Botschaft: »Warum soll ich mich an verabredete Zeiten halten, wenn sich niemand wirklich dafür interessiert, ob ich pünktlich oder unpünktlich bin!«

- Das eigene Vorbild selbstkritisch betrachten. Bin ich so verlässlich, wie ich es von meinem Kind erwarte, oder setze ich mich auch häufiger über Abmachungen hinweg? Lebe ich meinem Kind vor, was Mitverantwortung heißt? Bin ich selbst rücksichtsvoll und zuverlässig, kann ich eher erwarten, dass auch mein Kind rücksichtsvoll und zuverlässig ist.
- Wird das Thema »Unpünktlichkeit« zum Dauerärgernis, dem Kind verdeutlichen, dass es Folgen hat, wenn es sich nie an Verabredungen hält, zum Beispiel: Abgemacht ist, dass es um sieben Uhr Abendessen gibt. Also findet die Mahlzeit auch um sieben statt. Auf Nachzügler wird nicht gewartet. Wer nicht pünktlich erscheint, muss allein nachessen.

  Oder: Eltern und Kinder haben beschlossen, gemeinsam ins Kino zu gehen. Wer nicht pünktlich da ist, wenn zum Aufbruch geblasen wird, muss sehen, wie er allein zum Kino kommt, oder zu Hause bleiben.

»Meine Kinder denken immer nur an sich«

In den Augen von Kindern sind Eltern nützliche Wesen mit minimalen Rechten und fast ohne eigene Bedürfnisse. Manchmal flippen sie zwar aus, weil sie schlecht drauf sind, aber das macht nichts – Eltern fangen sich erstaunlich schnell und funktionieren dann wieder einwandfrei: als Chauffeur, Diener, Koch und Seelentröster. Kinder wissen das vielleicht zu schätzen – nur warum geben sie es nicht zu erkennen? Warum sind sie nicht wenigstens ein bisschen zuvorkommender, rücksichtsvoller, hilfsbereiter?

Weil Eltern zu wenig fordern – und zu viel erwarten. Das heißt: Einerseits scheuen sie sich, ihre Wünsche denen der Kinder entgegenzusetzen, und stellen ihre eigenen Interessen ständig zurück. Andererseits sind sie maßlos enttäuscht, wenn ihre Kinder nicht von sich aus etwas aufmerksamer sind und nur noch ihren »grenzenlosen Egoismus« ausleben. Sie fühlen sich verletzt, gerade auch von älteren Kindern, von denen sie Einsicht erwarten.

Wie lässt sich das ändern?

➤ Eltern formulieren in einem Familiengespräch ihre Bedürfnisse – möglichst nicht vorwurfsvoll oder im Jammerton, sondern klar und sachlich. Kinder müssen wissen, was Eltern bereit sind, für sie zu tun, und was nicht.
Zum Beispiel: »Wenn ich Zeit habe, fahre ich dich gern irgendwohin oder hole dich ab. Ich bin aber nicht bereit, meine Pläne deinetwegen umzuwerfen. Am besten also, du kündigst deine Wünsche frühzeitig an und dann stimmen wir unsere Pläne ab. So kommen wir am schnellsten auf einen Nenner!«

Oder konkreter: »Ja, ich fahre dich dienstags zum Training, aber du musst dich (oder wir müssen uns) um eine Rückfahrmöglichkeit kümmern, denn um die Zeit bin ich selbst beim Yoga.«
Ein anderes Beispiel: »Du darfst gern laute Musik in deinem Zimmer hören, aber nicht, wenn wir uns ausruhen wollen. Das gilt auch, wenn Freunde bei dir sind.« Es geht also darum, Kompromisse auszuhandeln, auf die sich alle einigen können und die von allen Beteiligten eingehalten werden.

- Eltern beharren auf Rücksicht. Wenn sie selbst entgegenkommend sind und mit ihren Kindern respektvoll umgehen, können sie das Gleiche auch von ihnen fordern. Das heißt, dass Eltern negatives Verhalten nicht aus Bequemlichkeit oder Nachsicht übergehen – sonst wird es bloß verstärkt –, sondern immer wieder eisern und geduldig ihren Wünschen Nachdruck verleihen.
- Eltern handeln konsequent, sobald Abmachungen nicht eingehalten werden: Ein Kind, das die Musik zum falschen Zeitpunkt auf ohrenbetäubende Lautstärke stellt, muss sie ganz abschalten. Räumt es nach einem Gelage mit seinen Freunden das Geschirr nicht in die Spülmaschine, muss es das nachholen, egal was es gerade vorhat und welche Ausreden es vorbringt. Passiert es öfter, dürfen die Freunde für eine bestimmte Zeit gar nicht mehr kommen.
  Wichtig: Kinder müssen über die Folgen vorher Bescheid wissen – sonst werden die Konsequenzen als eine willkürliche, ungerechte Strafe empfunden.
- Eltern stehen voll und ganz zu ihrer Haltung. Nur dann gelingt es ihnen, ihre persönlichen Wünsche durchzusetzen, ohne sich erweichen zu lassen, wenn die Kinder auch noch so motzen und aufbegehren. Eltern müssen also überzeugt davon sein, dass sie ein Recht auf Ruhe, auf eigene Zeit und auf Rücksichtnahme haben. Erstens tun sie

sich selbst damit einen Gefallen, denn allzu viel Opferbereitschaft macht bloß aggressiv. Zweitens tun sie ihren Kindern einen Gefallen, die nur so erfahren, dass das Zusammenleben aus Nehmen und Geben besteht.

Die Kunst der Gelassenheit üben
Möglichst gelassen bleiben und nicht die Person des Kindes angreifen mit Sätzen wie: »Du grenzenloser Egoist, du denkst sowieso nur an dich! Wie es mir geht, ist dir völlig egal!« Denn das nervt Kinder nur und beeindruckt sie überhaupt nicht.

»Immer diese blöden Pflichten. Ich hab keine Lust!«

Pflichten erfüllen, Alltagskrempel hinter sich bringen – auf sehr unterschiedliche Art und Weise machen sich Menschen an diese Aufgabe: In manchen Familien gelten Pflichten als Selbstverständlichkeit und gehören nun mal zum Leben. Da wird nicht lange darüber nachgedacht, ob man Lust hat, sie zu erledigen oder nicht. Sie werden einfach abgehakt. Dann hat man das Pflichtprogramm irgendwann hinter sich und entsprechende Freiräume.

Wer keine Probleme hat, seine Pflichten zu erledigen – egal welche –, tut sich leichter, sein Kind in dieses Programm einzubeziehen. Kaum auf den Beinen, bekommt das Kleinkind schon ein Staubtuch in die Hand gedrückt und macht mit beim Putzen. Danach werden ihm kleine Aufgaben übertragen: »Du erinnerst mich immer ans Blumengießen!« Und später heißt es: »Kannst du dich um die Versorgung des Wellensittichs kümmern?« Schritt für Schritt übernimmt das Kind mehr Verantwortung.

Diese Familie versteht sich nicht nur als Lebens-, sondern auch als Arbeitsgemeinschaft. »Du machst das, ich mache jenes – zusammen sind wir ein gutes Team und schnell fertig mit allem, was ansteht.« Jeder hilft nach Kräften und Können mit, und das ist Gewohnheitssache seit frühester Kindheit. Die Regeln stehen fest, darüber muss nicht erst lange diskutiert werden. Jedes Kind orientiert sich am Vorbild seiner Eltern. Nehmen sie ihre Pflichten ernst, nimmt es seine Pflichten ebenfalls einigermaßen selbstverständlich hin.

Weil besonders pflichtbewusste, akkurate, disziplinierte Erwachsene manchmal schwer zu ertragen sind – sie sind einfach zu vortrefflich, zu perfekt –, mag aber mancher Sprössling nicht gleich wieder in ihre Fußstapfen treten. Immer brav funktionieren, das kann's nicht sein. Folglich werden Pflichten selten oder auch häufiger extra schludrig oder gar nicht erledigt. Es hat seinen besonderen Reiz, den Erwachsenen zu zeigen: »Was ihr für wichtig haltet, ist mein Ding noch lange nicht!« Sinn des kindlichen Muskelspiels ist, sich von den Eltern abzugrenzen.

Der Ärger ist dann meist programmiert, denn das Thema »Pflichten« eignet sich vorzüglich für Provokationen. Gerade die besonders disziplinierten und pflichtbewussten Eltern reagieren empfindlich, wenn ihr Kind nicht mitspielt und in seinen Trotzphasen gar nicht daran denkt, irgendwelchen festgelegten Pflichten nachzukommen.

Wenn Pflichten nicht ernst genommen werden

In anderen Familien wiederum hält keiner viel von Pflichten. »Schade, dass man seine Zeit nicht nur mit Lieblingsbeschäftigungen verbringen kann«, heißt hier die Devise. Natürlich sind in dieser Familie die Eltern nicht unbedingt darauf aus, den Nachwuchs in die Pflicht zu nehmen. »Das Kind soll davon verschont bleiben!« Sie kommen auch kaum auf die Idee, ihrem Kind ein Staubtuch in die Hand zu drücken und Putzen als Spiel zu betrachten, sondern sind der Meinung, dass ein Dreikäsehoch Sinnvolleres zu tun hat. Das Kind soll seine Freiheit genießen. Alles andere hat Zeit. Pflichtübungen kommen mit der Schule noch früh genug.

In diesem Fall wird also kein klarer Orientierungsrahmen vorgegeben, sondern nur ein Gewirr unterschiedlichster Informationen: Einerseits sind da Aufgaben, die erledigt werden müssen – das steht fest. Diese Aufgaben werden nicht richtig ernst genommen. Die Erwachsenen belächeln sie vielleicht sogar, übernehmen keine Verantwortung, sondern mogeln sich auch selbst um anstehende Pflichtübungen herum oder verdrängen sie. Andererseits machen sie sich dann aber doch irgendwann an die Arbeit, oft murrend und unzufrieden. Ein Kind findet sich hier nur schwer zurecht: »Wie soll ich mit meinen Pflichten umgehen? Muss ich meinen Schulkram wirklich ernst nehmen, oder bin ich viel cleverer, wenn ich mich drücke?« Oder: »Wieso sagen meine Eltern, ich müsse im Haushalt helfen, obwohl sie selbst von Hausarbeit nichts halten?«

Was tun?

- Keine Vorträge halten, nicht mit Strafen drohen oder laut schimpfen, wenn Pflichten nicht erfüllt werden. Vielschimpfer erreichen nur, dass Kinder die Ohren zuklappen. Strafen haben zur Folge, dass Kinder aus Angst gehorchen. Kinder zu ängstigen, damit sie gehorchen – das kann kein Erziehungsziel sein. Statt loszupoltern, besser dreimal tief durchatmen und sich erst einmal in Gelassenheit üben.

- Versuchen, hinter die wahren Gründe von pflichtvergessenem Handeln zu kommen. »Warum macht sich mein Kind so gut wie nie an seine Hausaufgaben? Warum putzt es seine Schuhe grundsätzlich nicht? Und warum bringt es ausgeliehene Bücher immer erst nach mehrfacher Mahnung in die Bibliothek zurück? Hat diese Unzuverlässigkeit vielleicht auch etwas mit mir zu tun? Welches Vorbild gebe ich ab? Erledige ich meine Pflichten locker und zuverlässig, oder habe ich selbst auch Schwierigkeiten damit? Und wenn ich dringende Arbeiten erledige, bin ich dann eigentlich frohgemut bei der Sache, oder tue ich es widerstrebend, muffelig und halbherzig? Gebe ich eindeutige Orientierungspunkte vor, oder habe ich häufig selbst keine klare, eindeutige Linie, die mein Kind erkennen kann?«
- Das Problem ansprechen und dafür den richtigen Zeitpunkt wählen. Nicht darüber reden, wenn das Problem gerade akut ist, sondern später und in Ruhe. Die Argumente des Kindes erst einmal anhören und nicht gleich mit der eigenen Meinung vorpreschen.
- Gemeinsam nach Lösungen des Problems suchen: »Machen wir einen Plan, erledigen wir die Aufgaben, die anstehen, abwechselnd, oder ist in Zukunft jeder für einen ganz bestimmten Bereich zuständig?« Auch jüngere Familienmitglieder gleichberechtigt mitbestimmen lassen und sie nicht gleich an die Wand spielen: »Ihr seid noch zu klein, um mitreden zu können!« Auch kleine Kinder wollen ernst genommen werden. Seinem Alter entsprechend hat jeder etwas zu sagen.

- Kinder nicht zu Handlangern machen, die nur für die lästigen Pflichten zuständig sind. Ihnen entsprechend ihrem Alter auch Anspruchsvolles zutrauen. Verantwortung frühzeitig so weit wie möglich delegieren und akzeptieren, dass das Ergebnis vielleicht nicht ganz so perfekt ausfällt. Oft ist das Ergebnis weniger wichtig als das Bemühen, einen Weg zu finden.
- Das Loben nicht vergessen. Aber dabei nicht übertreiben. Kinder haben ein feines Gespür für falsche Töne. Sie merken auch genau, wenn die Eltern sie mit ihrem Lob nur antreiben wollen, das Lob mehr Taktik als Wahrheit ist.
- Kinder nicht mit Pflichten überschütten. Nach vielen Stunden Stillsitzen und Mundhalten in der Schule und bei den Schularbeiten haben sie verständlicherweise erst mal keine Lust mehr auf weitere Pflichten.

Ein Kampf um mehr Aufmerksamkeit?

Schlampt sich ein Kind durch den Alltag, muss das allerdings nicht immer mit einem Mangel an klaren Richtlinien oder schlechtem Vorbild zu tun haben. Oft hat es andere Gründe, sich alltäglichen Anforderungen zu verweigern. Vielleicht probiert es aus, ob es so die Aufmerksamkeit bekommen kann, die ihm fehlt, das heißt, ob die Eltern wirklich auf Dauer Verständnis für seine Schlampereien zeigen oder nicht doch irgendwann mal eindeutig »Schluss!« sagen und Grenzen aufzeigen.

Die Kinder von heute – zu verwöhnt, zu fordernd?

➤ Sie besitzt mit ihren elf Jahren einen Kassettenrekorder, einen CD-Player und einen Walkman. Nun will sie einen eigenen Fernsehapparat. »Kommt nicht infrage«, meinen die Eltern. Das sei zu viel des Guten. Sie sagen schlicht Nein. Die Folge: ein Riesenaufstand. Die Elfjährige bettelt: »Dann wünsche ich mir den Fernseher eben zum nächsten Geburtstag!« Es bleibt dennoch beim Nein. Also beschließt sie, das nötige Geld von ihrem Sparkonto abzuheben und den Fernseher vom Ersparten zu kaufen. Als auch das nicht auf Gegenliebe stößt, flippt sie erst recht aus und schimpft wie ein Rohrspatz. »Eine reichlich verwöhnte Dame«, denken die ratlosen Eltern. »Wieso akzeptiert sie nicht, dass wir hier eine Grenze ziehen? Wie können wir ihr verständlich machen, dass nicht jeder Wunsch erfüllt werden muss?«

Was heißt zu verwöhnt?

Verwöhnen heißt nicht nur, die Kinder mit Spielzeug, Klamotten und anderen Dingen zu überhäufen, sondern oft auch, ihnen zu viel Aufmerksamkeit zu widmen und zu wenig Einsatz abzuverlangen. Auch Zuwendung muss ihre Grenzen haben. Wird ein Kind von morgens bis abends liebevoll umsorgt, lernt es nicht, sich selbst um seine Belange zu kümmern.

Manchmal wird ein Kind zur Sonne, um die sich alles dreht. Da wird alles aufs Feinste nach seinen Wünschen ausgerichtet. Das Wochenendprogramm ist von A bis Z kindgerecht, die liebevolle Gutenachtzeremonie jeden Abend ein Muss. Die gemeinsamen Mahlzeiten sind immer Pflicht.

Natürlich braucht ein Kind eine Menge Zuwendung, aber ein dauerndes Zuviel lähmt es in seiner Entwicklung. Steht es immer im Mittelpunkt des Interesses, meint es, nur schnippen zu müssen, damit die Großen springen. Es kommt gar nicht auf die Idee, dass es für seine Zufriedenheit, sein Amüsement und Fortkommen auch selbst zuständig ist, und entwickelt deshalb auch keine entsprechenden Aktivitäten.

Auch wenn es um Mithilfe im Haushalt geht, verwöhnen viele Eltern ihren Sprössling reichlich. Sicherlich, manchmal muss er den Abfalleimer zur Mülltonne tragen, und ab und an ist von Tischdecken die Rede, aber dann verebbt dieses Einfordern wieder. Warum diese Schonhaltung?

Oft aus Bequemlichkeit. Mithelfende Kinder helfen nicht immer, sondern vergrößern manchmal die Arbeit, weil sie noch keine Meister in Haushaltsdingen sind. Außerdem macht es einfach mehr Freude, ein Kind zu verwöhnen, als den Familiendrachen zu spielen, der auf Mithilfe dringt.

Eltern haben oft auch wunderbare Erklärungen zur Hand, warum sie ihr Kind nicht zum Arbeitseinsatz bitten: Es soll ungestört spielen können oder lieber sein musisches Freizeitprogramm oder seine Schulaufgaben erledigen. Kein Wunder, dass der Sprössling das Helfen dann bald ganz lässt.

Wie können Eltern gegensteuern?

➤ Nicht verlangen, was man selbst nicht erfüllt. Eltern, die zwar bei ihrem Kind auf Bescheidenheit und Sparsamkeit dringen, obwohl es ihnen materiell gut geht und sie sich selbst alles gönnen, wirken unglaubwürdig.
Ein Kind nicht künstlich – gegen den Familientrend – knapp halten, sondern das gesamte System kritisch beäugen: »Brauchen wir wirklich all das, was wir kaufen? Erhöht es wirklich unseren Lebensgenuss, oder verschafft uns dieses Mehr keine größere Zufriedenheit?«

- Weniger bringt mehr. Ein Kind, das in einem voll gestopften Kinderzimmer unter hundert Superspielzeugen wählen kann, fühlt sich von der Fülle meist erschlagen. Fehlen ihm dagegen hier Bauklötze, dort kleine Männchen, dann kann es improvisieren. Es entwickelt so Einfallsreichtum, Fantasie, Initiative und damit auch mehr Spaß beim Spielen und mehr Konzentration und Durchhaltevermögen.
- Keine Radikalkur verordnen nach der Art: »Jetzt wird das Rad zurückgedreht und jede Extrazuwendung gestoppt. In Zukunft wird jetzt mehr Unterstützung in Familienangelegenheiten eingefordert!« Darauf reagiert ein Kind eher bockig als einsichtig. Besser: Das Verwöhnprogramm nach und nach reduzieren und stattdessen viel Zuwendung und Zeit aufbringen.
- Interessen wecken, Aktivitäten fördern, Verantwortung delegieren und dem Kind auf diese Weise Erlebnisse verschaffen – Erfolgserlebnisse und Misserfolgserlebnisse – und ihm zeigen: Selbst etwas auf die Beine zu stellen macht zufriedener, als sich nur bedienen zu lassen.

Endlich Schluss mit dem Hausaufgabenstress!

Pädagogen beteuern: Hausaufgaben sind ein unentbehrlicher Teil des Schulalltags. Kinder sind da völlig anderer Meinung: Hausaufgaben sind die reinste Quälerei, langweilig und überflüssig. Sie bedeuten weniger Freizeit, ständigen Stress und reichlich Krach mit den Eltern.

Deswegen tun Kinder alles, um das lästige Übel schnell hinter sich zu bringen: Sie pfuschen die Hausaufgaben in der Pause hin, schreiben von Klassenkameraden ab oder behaupten zu Hause, sie hätten diesmal überhaupt nichts auf. Andere setzen sich zwar brav an ihren Arbeitsplatz, doch dann beginnt der Stress: hampeln, schmieren, kritzeln, sudeln, ächzen – bis die Mutter eingreift und erklärt, ausradiert und verbessert. Sie wird immer gereizter, ebenso das Kind, und fast täglich fliegen die Fetzen und das in vielen Familien.

Was die Eltern auch versuchen – antreiben, schimpfen oder Regeln aufstellen wie: »Nach der Schule werden als Erstes die Hausaufgaben erledigt!« –, die Lage bleibt unverändert hochexplosiv.

Was tun?

Zunächst einmal ist ganz klar: Sobald Kinder spüren, dass die Hausaufgaben ihren Eltern wichtiger sind als ihnen selbst, delegieren sie automatisch die Verantwortung an Vater oder Mutter. Also: Ganz schnell die Zuständigkeit den Kindern übergeben! Das heißt:

- Die Eltern setzen sich zunächst selbst Grenzen: Sie reduzieren die Unterstützung bei den Hausaufgaben auf ein Minimum. Denn zu viel Hilfe, Kritik und Kontrolle lähmen das Kind, machen es abhängig, nehmen ihm die Freude an der eigenen Leistung – und zwingen Eltern in die undankbare Rolle unbezahlter Hilfslehrer.
- Ein neuer Zeitplan wird entworfen. Das Kind darf mitentscheiden, wann es seine Hausaufgaben macht. Manche Kinder müssen sich nach der Schule erst austoben, andere erledigen ihre Arbeit am liebsten sofort. Entscheidend ist, dass sich allmählich eine feste Routine einpendelt.
  Sehr wichtig: Einen Zeitpunkt ausmachen, bis zu dem die Hausaufgaben auf jeden Fall beendet sein müssen!

Gelassenheit wirkt Wunder
Manche Eltern gehen an das Thema Schule und Hausaufgaben von Anfang an schon leicht panisch in der Erwartung heran: Damit kommen garantiert Schwierigkeiten auf uns zu. Die Crux an der Sache: Negative Erwartungen erfüllen sich gerne. Besser, aber nicht ganz einfach zu verwirklichen: Mit der Einstellung »Wird schon alles werden« an die Schulzeit herangehen. Vertrauen in das Kind und seine Fähigkeiten haben und ihm diese positive Haltung auch mitteilen.

- Das Kind arbeitet selbstständig, wird aber keineswegs plötzlich sich selbst überlassen. Wenn es nicht weiterkommt oder etwas überhaupt nicht versteht, ist es klar, dass die Mutter gemeinsam mit ihm überlegt, wo das Problem liegt. Sie gibt vielleicht einen Anstoß, damit es wieder allein klarkommt. Und: Natürlich hören Eltern Vokabeln oder ein Gedicht ab.
- Pausen sind erlaubt. Jedes Kind hat seine eigene Art zu arbeiten und sein individuelles Arbeitstempo. Es muss selbst ausprobieren, wie lange es sich konzentrieren kann. Warum soll es sich nicht zwischendurch etwas zu trinken oder zu essen holen, eine Runde herumflitzen?
  Vor allem rastlose, quirlige Kinder brauchen hin und wieder mal Bewegung – schwer genug, in der Schule ständig still sitzen zu müssen!
- Eventuell schaut sich ein Elternteil am Schluss die Hausaufgaben an – aber nur nach Absprache mit dem Kind. Der Vorteil: Die Eltern können Fortschritte und Selbstständigkeit loben. Der Nachteil: Das Kind fühlt sich bevormundet – vor allem natürlich, wenn Mutter und Vater sich

die eine oder andere kritische Bemerkung doch nicht verkneifen können.

- Die Eltern stimmen sich mit den Lehrern ab. Diese müssen wissen, dass das Kind seine Hausaufgaben eigenverantwortlich und ohne Einmischung der Eltern erledigt. Ihm dürfen deswegen keine Nachteile erwachsen! Auch wenn Eltern merken, dass ihr Kind extrem lange an seinen Aufgaben sitzt oder häufig gar nicht versteht, was es machen soll, ist es wichtig, die Lehrer zu informieren, anstatt selbst die Schulbücher zu studieren.

Aggressive Kinder: wütend und ratlos

Allen fallen sie auf, die hektischen, aggressionsgeladenen Kinder. Ob auf dem Spielplatz, im Kindergarten, ob in der Schule oder bei Freunden – wo immer sie mit anderen Kindern zusammen sind, wird in kürzester Zeit beharrlich gestritten und gerauft.

Erwachsene stempeln so einen Draufgänger schnell ab als »Störenfried« oder »Rabauke«. Am besten, man hält ihn von den eigenen Kindern fern. Nur schlägt der aggressive Draufgänger erst recht los, wenn er sich ausgeschlossen fühlt. Er muss sich ja irgendwie Gehör verschaffen.

Was ist los mit diesen Kindern?

Oft sind sie nur ungeduldig. Ihr Temperament geht einfach mit ihnen durch, wenn sie sich unverstanden fühlen oder nicht ausdrücken können, was sie wirklich wollen. Kein Grund zu großer

Beunruhigung: Das sind Kinder, die noch ein wenig Zeit brauchen, um sich mit anderen zu arrangieren, die mithilfe ihrer Eltern erst allmählich lernen müssen, sich mit moderaten Mitteln zu behaupten und sich sprachlich auseinander zu setzen.

Allerdings gibt es auch kleine Wüstlinge, die immerzu gezielt und wild entschlossen auf alle Kinder losgehen. Eine andere Art der Verständigung scheinen sie nicht zu kennen. Warum? Weil sie Angst haben – meistens. Sie sind angespannt, fühlen sich ganz schnell angegriffen und glauben, sich mit Händen und Füßen wehren zu müssen, um vor anderen Kindern zu bestehen. Letztendlich aber bekämpfen sie vor allem ihre Ängste und ihre Unsicherheit.

Was können Eltern tun?

- Als Erstes die Ursachen der Aggressivität suchen. Häufige Gründe sind: zu enge oder aber fehlende Grenzen. Das heißt, die Eltern sind entweder so streng und kontrollierend, vielleicht auch derart behütend, dass ihr Kind kaum Möglichkeiten hat, die Verständigung mit anderen Kindern zu üben. Weil es sich nicht entfalten kann und unter Druck steht, schlägt es zu – meistens hinter dem Rücken der Erwachsenen.
  Oder aber die Eltern scheuen klare Regeln, lassen ihr Kind mehr oder minder tun und lassen, was es will, sodass es ihm an Orientierung fehlt. Es »haut um sich«, weil es keinen inneren Halt spürt, weil ihm seine Unsicherheit Angst macht. Irgendwie muss es diese Ängste dann »wegschlägern«.
- Mit dem Kind ein Gespräch führen. Einerseits für die »Opfer« so behutsam Verständnis wecken und dem Kind begreiflich machen, dass Kinder ungern mit denjenigen spielen, die auf sie losgehen und ihnen wehtun. Andererseits

die Motive ihres kleinen »Täters« erforschen: Was ängstigt ihn? Was macht ihn wütend?
Wichtig: Dem Kind geduldig zuhören, ohne erhobenen Zeigefinger und ohne es mit bohrenden »Warum«-Fragen in die Enge zu treiben. Nur so finden Eltern heraus, was hinter dem Verhalten steckt.

Auf welche Lebenserfahrungen greift das Kind zurück?
Manchmal hat ein aggressives Kind auch selbst irgendwann ungute Erfahrungen mit anderen Kindern gemacht: Es wurde geärgert und gehänselt, wusste sich lange nicht zu helfen, bis es eines Tages zurückgeschlagen hat. Plötzlich erlebt es, dass es nicht mehr »Opfer« ist, sondern »Täter«, und dass es seine eigene Angst verscheucht, wenn es sie anderen einjagt. Bald kann es nicht mehr anders, als immerzu den Rabauken zu spielen.

- Einschreiten, wann immer das Kind andere »angreift«, und zwar, indem es von ihnen für eine bestimmte Zeit getrennt wird. Diese »Auszeit« signalisiert dem Kind: Die Eltern handeln und zeigen, wo es lang geht. Dabei sollten sie sich möglichst nicht durch das laute Protestgeschrei ihres Kindes beirren lassen. Denn Unschlüssigkeit oder auch übertriebene Aufmerksamkeit ist kontraproduktiv.
- Mit dem Kind oft spielerisch kämpfen und rangeln, um körperliche Kräfte zu erproben. So kann es seine inneren Spannungen »wegbalgen«. Auch bei Kissenschlachten oder beim Einschlagen auf einen »Boxsack«, bei Sportarten wie Judo und Karate erlebt ein Kind: »Ich darf kämpfen, wenn ich niemanden verletze und bestimmte Regeln einhalte.« In vielen Fällen hilft einfach schon gründliches Austoben und Dampf ablassen. Aber längst nicht immer.

- Das Selbstbewusstsein des Kindes aufbauen, damit es seine Unsicherheit nicht hinter wildem Draufgängertum verstecken muss. Also seine positiven Seiten und Fähigkeiten stärken und es spüren lassen: »Wir nehmen dich so an, wie du bist. Wir haben dich lieb!«
  Dazu gehört auch, dass es bei seinen Spielen und in der Fantasie seine Aggressionen ruhig ausleben darf. Denn das ist Teil seiner Entwicklung. Unterdrückt ein Kind seine Gefühle, verschwinden seine Aggressionen deswegen keineswegs, sie suchen sich nur ein anderes Ventil.
- Dem Kind möglichst vorleben, wie Konflikte in zivilisierter Form, also durch Argumente und Diskussionen, gelöst werden können. Das beinhaltet natürlich auch, auf die kindlichen Aggressionen nicht ebenfalls mit Aggressionen oder Klapsen zu reagieren – wie soll es verlernen zu hauen, wenn es die Eltern selbst tun?

Wie ist das Familienklima?
Eltern aggressiver Kinder haben häufig wenig Selbstvertrauen und sind überlastet: Es wird zu Hause viel geschimpft und gestritten, und die Gereiztheit der Eltern überträgt sich auf das Kind. Seine Aggressionen spiegeln die heftigen Konflikte der Familie wider. Deshalb ist es wichtig, sich die eigene Familie gründlich anzuschauen, eventuell mithilfe eines Therapeuten.

»Nein, das ziehe ich nicht an!«

➤ Es ist ein kalter Tag, dunkle Wolken türmen sich am Himmel, der Regen hängt schon in der Luft. Trotzdem will sich die Siebenjährige Sandalen und ein kurzes, dünnes Röckchen anziehen: »Das ist mein Lieblingsrock! Die dicken Schuhe mag ich nicht, da schwitze ich drin. Ich friere in den Sandalen nicht, ich friere nie!« So oder ähnlich geht es fast jeden Tag: Die Tochter möchte bestimmen, was sie anzieht, und es ist immer etwas anderes, als es die Mutter für richtig hält. Sie appelliert an die Vernunft des Mädchens, macht Kompromissvorschläge, aber die Tochter hat ihren eigenen Willen. Jeden Morgen kommt es zu Machtkämpfen mit unterschiedlichem Ausgang. Mal siegt die Mutter, dann bricht die Tochter in Tränen aus. Mal läuft die Mutter entnervt und schimpfend aus dem Kinderzimmer: »Ist mir doch egal, was du anziehst, ich halte diese Kämpfe nicht mehr aus! Jetzt kommst du auch noch zu spät in die Schule. Und wehe, wenn du mit einer Erkältung im Bett liegst!«

Was spielt sich ab? Zunächst einmal in einer ruhigen Minute überlegen, warum das Kind selbst entscheiden will, was es trägt. Es geht ihm wie uns: Was wir anziehen, hat damit zu tun, wie uns gerade zumute ist, welche Farbe wir bevorzugen, was uns steht und am besten aussehen lässt. Kleidung ist den meisten Kindern wichtig, weil sie ausdrückt, wie sie sich selbst sehen und wie sie gesehen werden wollen. Kleidung ist immer auch ein Ausdruck der Persönlichkeit, und gerade bei Kindern und Jugendlichen ist ein bestimmtes Outfit Teil der Suche nach einer eigenen Identität. Wenn Eltern das erkennen, fällt es ihnen meist leichter, die oft seltsam anmutenden Kleidungswünsche ihrer Kinder zu begreifen.

Was tun?

- Die Mutter könnte zu ihrem Kind sagen: »Ich kann verstehen, dass du das jetzt anziehen willst, ich trage auch gerne meine Lieblingssachen. Aber leider spielt das Wetter manchmal nicht mit, da muss man sich was Neues überlegen. Da dein Lieblingsrock heute zu dünn ist, müsstest du dir etwas Warmes anziehen, das dir auch gefällt. Such es dir selber aus.«
- Am Abend vorher gemeinsam mit dem Kind überlegen, was es am nächsten Tag anzieht. Das Kind könnte sich ein Häufchen mit Kleidern für gutes Wetter und eines für kaltes Wetter zurechtlegen. Das geschieht dann auch nicht unter Zeitdruck und eventuelle Differenzen mit der Mutter oder dem Vater können gelassen ausdiskutiert und Kompromisse ausgehandelt werden.
- Am nächsten Morgen hart bleiben, wenn das Kind auf einmal etwas ganz anderes anziehen will als vereinbart. Erneute Machtkämpfe unbedingt vermeiden, möglichst ruhig bleiben und stur darauf beharren: »Das haben wir ausgemacht, das ziehst du jetzt an. Bei uns werden Vereinbarungen eingehalten. Das erwartest du von mir auch.«
- In einer ruhigen, gemütlichen Minute mit dem Kind über Klamotten reden. So erfährt die Mutter, warum ein bestimmtes Kleid so »wunderschön« ist (»das trägt die Nina aus meiner Klasse auch. Alle finden Nina toll!«), oder warum eine bestimmte Hose »blöd« ist (»das tragen nur die Doofen, da lachen die anderen über mich«). Vielleicht fühlt sich die Mutter an ihre eigene Kindheit erinnert. Oder sie überlegt sich: Wie wichtig ist es mir, dass mein Kind, die »richtige« Kleidung trägt? Will ich mit anderen Eltern gleichziehen? Häufig geht es Eltern nicht nur

darum, dass ein Kind sich »vernünftig« anzieht, es soll sich dem Geschmack der Familie anpassen. Vielleicht gelingt es solchen Eltern, da ein wenig toleranter zu sein.

»Ich will nicht zum Essen kommen, ich spiel grad so schön!«

Komisch – meistens spielen die Kinder dann am schönsten, wenn Eltern sie zum Essen rufen. Die Mahlzeit steht auf dem Tisch, die Familie will essen, nur wer nicht kommt, ist das Kind. »Gleich!«, tönt es von irgendwoher, »ich muss erst fertig spielen!« Oder es mault: »Ich hab doch gar keinen Hunger!« Ältere Kinder müssen »noch kurz telefonieren« oder »die Musik zu Ende hören«. Die Familie wartet, das Essen wird kalt, irgendwann platzt Vater oder Mutter der Kragen. Wenn das Kind endlich erscheint, sind alle gereizt und das Essen will keinem richtig schmecken.

Was lässt sich verändern?

➤ Den Kindern freundlich, aber bestimmt klarmachen, dass eine Mahlzeit eine der wenigen Gelegenheiten ist, bei der die gesamte Familie zusammenkommt, sich unterhält und gemütlich miteinander isst. Man kann ihnen sagen: »Und wenn jeder trödelt und alles kalt wird, dann ist die Stimmung hin und das Essen macht überhaupt keinen Spaß mehr.« Jedes Kind kann das verstehen. Wichtig ist, dass man das Kind direkt ansieht, wenn man mit ihm redet. Es soll spüren, dass einem das Thema wichtig ist.

- Mit einem kleineren Kind kann man Folgendes ausmachen: »Wenn der große Zeiger der Uhr dort oben steht, und der kleinere da unten, dann gibt es Essen. Kurz davor sage ich dir Bescheid, dann weißt du, dass es gleich so weit ist, und du dein Spiel schnell beenden musst.«
- Mit größeren Kindern vereinbart man, dass man sie etwa fünf Minuten vor der Mahlzeit »vorwarnt«, damit sie aufhören zu telefonieren, keine neue Beschäftigung anfangen, also prompt zum Essen erscheinen können, wenn es fertig ist.
- Und was, wenn das alles vergeblich ist? Dann hat es weder Sinn, weitere Erklärungen abzugeben oder dauernd durch die Wohnung zu brüllen: »Jetzt komm endlich, sonst kracht es!« Am besten, die Eltern – oder auch nur die Mutter, bzw. der Vater – setzen sich an den Tisch, essen in aller Ruhe und stehen auf, wenn sie fertig sind. Die Kinder werden überrascht sein, dass die übliche Schimpferei nicht mehr stattfindet, der gewohnte Kreislauf durchbrochen ist und die Eltern auch ohne sie ihre Mahlzeit genießen. Nun ist es an den Kindern, zu reagieren. Bestimmt werden sie sich um Pünktlichkeit bemühen – niemand isst gern allein, wenn die anderen schon aufstehen.

Strafen nützen im Übrigen wenig, sie sind eher kontraproduktiv. Denn eine Mahlzeit wird durch Strafen bloß »versalzen«, sie wird zu einem Zwang, der die Freude am Essen verdirbt. Besser ist es, konsequent zur angekündigten Zeit mit der Mahlzeit zu beginnen – wenn möglich gelassen und gut gelaunt.

Register